Histórias do meu Sensei

H693h Hoeft, Steve.
         Histórias do meu Sensei : duas décadas de aprendizado
      implementando os princípios do Sistema Toyota de Produção /
      Steve Hoeft ; apresentação de Jeffrey K. Liker ; tradução Raul
      Rübenich ; revisão técnica Altair Flamarion Klippel ;
      coordenação e supervisão José Antonio Valle Antunes Júnior. –
      Porto Alegre : Bookman, 2013.
         xxii, 158 p. : il. ; 23 cm.

         ISBN 978-85-407-0163-2

         1. Administração. 2. Organização da produção. 3. Sistema
      Toyota de Produção. I. Título.

                                                      CDU 658.51

Catalogação na publicação: Fernanda B. Handke dos Santos – CRB 10/2107

Histórias do meu Sensei

Duas décadas de aprendizado
implementando os princípios
do Sistema Toyota de Produção

STEVE HOEFT

Apresentação de
Jeffrey K. Liker

Tradução
Raul Rübenich

Revisão Técnica
Altair Flamarion Klippel
Doutor em Engenharia – PPGEM/UFRGS
Sócio-consultor da Produttare Consultores Associados

Coordenação e Supervisão
José Antonio Valle Antunes Júnior
Doutor em Administração de Empresas – PPGA/UFRGS
Professor do Centro de Ciências Econômicas da UNISINOS
Diretor da Produttare Consultores Associados

2013

Obra originalmente publicada sob o título
Stories from My Sensei: Two decades of lessons learned implementing Toyota-style systems
ISBN 9781439816547

Copyright © 2010 by Taylor & Francis Group LLC.
All Rights Reserved.
Authorized translation from English language edition published by CRC Press, part of Taylor & Francis Group LLC.

A edição em língua portuguesa desta obra é publicada por Bookman Companhia Editora Ltda., uma empresa do Grupo A Educação S.A., Copyright © 2013.

Capa:
Flavia Hocevar

Preparação do original:
Isabela Beraldi Esperandio

Leitura final:
Antenor Savoldi Jr.

Editora:
Verônica de Abreu Amaral

Gerente editorial - CESA:
Arysinha Jacques Affonso

Composição e Arte Final:
VS Digital

Reservados todos os direitos de publicação, em língua portuguesa, à Bookman Companhia Editora Ltda., uma empresa do Grupo A Educação S.A.
Av. Jerônimo de Ornelas, 670 - Santana
90040-340 Porto Alegre RS
Fone (51) 3027-7000 Fax (51) 3027-7070

É proibida a duplicação ou reprodução deste volume, no todo ou em parte, sob quaisquer formas ou por quaisquer meios (eletrônico, mecânico, gravação, fotocópia, distribuição na Web e outros), sem permissão expressa da Editora.

SÃO PAULO
Av. Embaixador Macedo Soares, 10.735 - Pavilhão 5 - Cond. Espace Center
Vila Anastácio 05095-035 São Paulo SP
Fone (11) 3665-1100 Fax (11) 3667-1333

SAC 0800 703-3444

IMPRESSO NO BRASIL
PRINTED IN BRAZIL

O autor

Steve Hoeft, instrutor em princípios do Sistema Toyota de Produção no Altarum Institute, ajudou várias organizações na conquista de mais de uma dezena de prêmios Shingo. Ele é praticante, professor, agente de mudança e líder de pensamento na aplicação ampla e profunda dos princípios *lean* a processos específicos de conhecimento do trabalhador para centenas de clientes em múltiplas indústrias e áreas de aplicação, inclusive assistência à saúde, desenvolvimento de novos produtos, cadeias de suprimento, defesa, governo e manufatura.

Quando trabalhava em uma das Três Grandes do setor automobilístico norte-americano, Hoeft foi treinado por Eli Goldratt em conceitos da teoria das restrições (TOC) baseados no *software* OPT-Optmized Production Technology (tecnologia da produção otimizada). Sua profunda experiência com o *lean* começou na Delta (Kogyo) EUA, com um verdadeiro *sensei*. A partir daí continuou a estudar sistemas *lean* ao se transferir para a Johnson Controls, Inc., tendo estudado diretamente com a Toyota em Georgetown, Kentucky. Na JCI, Hoeft foi um dos coautores do *JCI Manufacturing System* (ganhador de um prêmio de treinamento da ASTD – American Society of Training & Development) e responsável pela implementação inicial do processo em todas as fábricas da JCI. Trabalhou também como instrutor *lean* e consultor na Optiprise, Inc.

Hoeft é diplomado em engenharia industrial[*] e pesquisa operacional pela Wane State University, e mestre pela University of Toledo. É também certificado em Gestão de Projetos Profissionais pelo Project Management Institute e instrutor principal nos programas de Certificação de *Lean Healthcare, Lean Manufacturing* e *Lean Product Design* da Faculdade de Engenharia da University of Michigan.

---

[*] N. de R.T.: Em português, utiliza-se também o termo engenharia de produção.

*Para Gena, Megan, Erich e Erin. Vocês, para mim,
são mais importantes do que o mundo inteiro.*

Agradecimentos

Este livro resume mais de 20 anos de busca *Toyota* em tudo. Grande parte do que sei hoje – e ensino – foi captado da boca e dos olhares de uma dúzia, ou mais, de *senseis*, ou mestres instrutores, dos princípios do Sistema Toyota de Produção (STP). Não há como agradecer a cada pessoa que agregou conhecimento a este conjunto de ferramentas e estrutura que continua crescendo. Infelizmente, não posso agradecer a todos os colegas de trabalho da Toyota Motor Manufacturing Kentucky, New United Motor Manufacturing Inc. (NUMMI), Toyota Technical Center, Johnson Controls, Delta Kogyo e às inúmeras pessoas treinadas por *senseis* que acenderam em mim o fogo da paixão pelo STP. Há, no entanto, várias pessoas que foram ainda mais dignas de nota em minha jornada e na concepção e concretização deste livro.

Meus dois mais antigos *senseis* foram aqueles que propiciaram minha passagem do *status* de simples gafanhoto para o de alguém com habilidades quase perigosas na arte de implementar adequadamente os princípios do STP nos poucos anos em que estive sob a orientação deles. Eles igualmente agregaram um elemento de humor às histórias que vocês estão prestes a ler (embora elas não me parecessem, à época, divertidas). Tendo já se passado mais de 15 anos desde meu último contato com eles, optei por usar pseudônimos neste livro, em vez de seus nomes verdadeiros.

O Dr. Jeffrey K. Liker – professor de Engenharia Industrial e Operacional na University of Michigan, cofundador de múltiplos programas de especialização em *lean* na mesma universidade, além de autor prolífero – foi responsável pela minha introdução na arena do ensinamento dos princípios Toyota. Desde minha primeira missão relacionada com estes princípios até um curso de engenheiros na universidade e a participação regular nos programas de certificação *Lean*, Jeff viu valor em minhas histórias e me incentivou a inseri-las como parte das palestras. Mais tarde, eu passaria a trabalhar na Optiprise, a empresa de consultoria de Jeff, onde, posso dizer, nos divertimos muito implementando os princípios do STP em empresas que insistiam em nos alertar de que "isso não vai dar certo aqui". Se tivéssemos recebido uma moeda a cada vez que ouvimos esse comentário... Obrigado, Jeff.

Outras duas pessoas que conheci nos tempos da University of Michigan foram decisivos para corrigir meu pensamento influenciado pelas Três Grandes (empresas do setor automobilístico norte-americano) – John Shook e Mike Rother. John Shook trabalhou primeiro com a Toyota no Japão, para depois se tornar parte da história deles nos Estados Unidos. Ele e Mike Rother são os autores de *Learning to See**, além de outros livros. A insistência de John quanto à consistência e à "pureza" do STP foi muito bem recebida. Tive a honra de trabalhar com John e sua equipe em alguns grandes projetos implementando o STP na indústria e na assistência à saúde. Mike Rother apresentou-me aos diretores do Altarum Institute, onde trabalho atualmente. Sua paixão por fazer as coisas fluírem e visualizar cadeias de valor foi um enorme acréscimo à minha base de conhecimentos.

Houve outros colegas que contribuíram decisivamente para meu conhecimento e histórias do STP. Tive a honra de trabalhar com dois instrutores comprometidos com o STP, Keith Leitner e o Dr. John Drogosz, na Optiprise. Pude igualmente trabalhar e aprender com o Dr. Jim Morgan e Jeff Liker no desenvolvimento do programa de habilitação no Processo *Lean* de Desenvolvimento de Produtos, para a Society of Automotive Engineers, e mais tarde para a University of Michigan. A comparação de três anos comandada por Jim entre os sistemas de desenvolvimento de novos produtos da Toyota e de uma montadora norte-americana de automóveis levou a um modelo coerente de sistemas do desenvolvimento *lean* de produtos. Jim é coautor, com Jeff Liker, de *Toyota Product Development*.**

Dois indivíduos do Altarum Institute ajudaram com revisões e edições. Brock Husby (PhD, esperamos, quando este livro estiver publicado) ajudou a revisar o livro e adicionou vários blocos à crescente base de conhecimento dos princípios do STP aplicados à assistência à saúde. Minha chefe, Cathy Hall, também contribuiu com importantes revisões e alterações.

Maura May, editora no Productivity Press/Taylor & Francis Group, foi fundamental para me conduzir ao longo de uma extensa revisão deste livro. Ela me incentivou durante todo o processo e contribuiu com excelentes ideias.

Um agradecimento final é indispensável. À minha esposa, Eugena Dee (Cowden) Hoeft – muito obrigado por ser uma grande mulher, a mãe de nossos filhos, e por se envolver totalmente com um homem absorvido pelo trabalho, a igreja e a vida. O que eu faria sem você?

---

* Rother, Michael and John Shook, *Learning to See*, Lean Enterprise Institute, 1999.
** N. de E.: Edição brasileira: James M. Morgan e Jeffrey K. Liker, *Sistema Toyota de Desenvolvimento de Produto* – Bookman, 2008.

Apresentação à edição brasileira

Muitos dos princípios desenvolvidos pela *Toyota Motor Company* durante a construção do Sistema Toyota de Produção – STP (também conhecido como Sistema de Produção Enxuta, *Lean Manufacturing* e *Just-in-Time*) já foram amplamente divulgados em obras consagradas mundialmente, algumas das quais já traduzidas para o português.

O diferencial do livro *Histórias do meu sensei – duas décadas de aprendizado implementando os princípios do Sistema Toyota de Produção* é a apresentação destes princípios e a sua relação com cada uma das partes do modelo da Casa Toyota.

O modelo da Casa Toyota foi a forma encontrada pela Toyota para difundir o seu sistema de produção, possibilitando comunicar e treinar os fornecedores e colaboradores, não só da própria empresa, como aqueles além de suas fronteiras. Segundo o autor, ela foi desenvolvida por Fujio Cho, quem primeiro desenhou um modelo de casa como forma de uma representação simplificada dos princípios e filosofias do STP.

Conforme Steve Hoeft destaca, "uma das principais deficiências dos projetos de mudança no passado era que as ferramentas e conceitos de alguma forma passavam a constituir o objetivo. Nas mudanças para o STP, a implementação das ferramentas NÃO é o objetivo. Os líderes da Toyota nunca esqueceram que estiveram sempre construindo alguma coisa. Essa alguma coisa é um empreendimento sólido – e não as ferramentas. E é bem representado por uma casa".

O modelo da Casa Toyota é composto por uma fundação ou base; o pilar do *Just-in-Time* (JIT) à esquerda; o pilar da qualidade intrínseca (QI) à direita; o pilar das pessoas, central, e o teto. Em cada uma destas partes estão indicadas algumas ferramentas do STP.

No Capítulo 1 é apresentado o sumário do modelo de implementação da Casa Toyota.

No Capítulo 2, é discutida a fundação ou base do modelo da Casa Toyota, na qual estão contemplados os princípios ou ferramentas básicos que dão estabilidade ao sistema de produção, tais como o trabalho padronizado, a manutenção preventiva, o *kaizen*, os processos e produtos sólidos e o envolvimento dos fornecedores.

No Capítulo 3 é discutido o pilar do *Just-in-Time* do modelo da Casa Toyota, com foco nos princípios atemporais e imutáveis – a filosofia JIT (*fazer o necessário, no momento necessário e na quantidade necessária*) e o sistema de produção puxado.

No Capítulo 4 é abordado o pilar das pessoas do modelo da Casa Toyota, com destaque para o respeito pelas pessoas, as quais devem ter envolvimento e autonomia na busca de solução para os problemas existentes com vistas ao melhor desempenho do sistema de produção.

No Capítulo 5, focado no pilar da qualidade intrínseca do modelo da Casa Toyota, é discutido o principio de "jamais transferir defeitos ou erros para o próximo processo", com destaque para o conceito de autonomação ou *jidoka*.

No Capítulo 6 é analisado o teto do modelo da Casa Toyota, relacionado com os resultados a serem alcançados, os quais, segundo o autor, correspondem à "maior qualidade, menor custo, melhor entrega, garantidos pela redução do *lead time* mediante a eliminação do desperdício".

O Capítulo 7 apresenta as palavras finais do autor com relação ao modelo da Casa Toyota.

A experiência vivenciada por Steve Hoeft na implementação destes princípios durante mais de 20 anos é apresentada em forma de histórias contadas com muito humor em cada um dos capítulos da obra, o que torna a leitura extremamente agradável.

Após cada uma destas histórias, o autor apresenta um conjunto de perguntas relacionadas, para que o leitor, a partir de uma análise crítica, verifique quão distante o seu sistema de produção se encontra em relação à implementação do Sistema Toyota de Produção, possibilitando assim a aprendizagem com a sua própria experiência.

Desejamos a todos uma ótima e prazerosa leitura.

Apresentação

Tive a honra de trabalhar com Steve Hoeft em minha empresa, Optiprise, quando ele foi contratado como consultor sênior em sistemas *lean*. No momento em que ele me mostrou o que havia feito com a implementação de um almoxarifado *lean*, eu fui, literalmente, fisgado, e nós lhe oferecemos o cargo imediatamente. Sua capacidade de não apenas *falar* do Sistema Toyota de Produção (STP), mas de *fazer* esse sistema, foi o que me convenceu.

Steve foi aluno de alguns *senseis* japoneses quando trabalhou para a Johnson Controls, Inc. (JCI), na divisão de assentos automobilísticos. A JCI havia conseguido um contrato para fornecer assentos à fábrica da Toyota em Georgetown, Kentucky. Como de costume, a Toyota não se satisfazia simplesmente em comprar assentos por um preço preestabelecido, ela queria na verdade garantir um abastecimento confiável de assentos da melhor qualidade. A única maneira de atingir essa meta era pelo ensino do STP à JCI. Alguns dos melhores *experts* japoneses ensinaram à JCI o método Toyota de aprender na prática o *gemba*. Eles tiveram grande sucesso ao transformar a fábrica em um modelo para a fabricação de assentos *just-in-time* e sua entrega, na sequência, à Toyota. Steve foi encarregado de se apropriar dos ensinamentos proporcionados à JCI na fábrica de Lexington, Kentucky, implementando a versão JCI do STP, e apresentando-a aos outros setores da empresa. Infelizmente, como tantas vezes acontece, o restante da empresa não estava assim tão comprometido a aprender o sistema e nunca chegou ao mesmo nível.

Steve seguiu seu caminho e trabalhou para várias outras empresas, entre elas uma de engenharia que viu o STP como uma ferramenta para vender serviços. Steve tornou-se o símbolo vivo do sistema *lean*. Juntar-se a nós, acredito, foi quase que uma libertação para ele. Poderia na verdade ensinar STP a algumas empresas que se importavam – e outras nem tanto.

Steve e eu concordávamos plenamente no fato de que o STP é um sistema. E por isso ele é representado como uma casa. Uma casa é um sistema estrutural, e qualquer parte fraca – os alicerces, as estruturas de apoio, o telhado – poderá fazer a casa inteira balançar. Pensar na implementação de um sistema pode parecer algo sofisticado, mas trata-se, na verdade, de um propósito muito assustador. Não é possível ludibriar um sistema implementando apenas partes dele –

é sempre tudo ou nada. O problema é que implementar um sistema de uma vez só é igualmente impossível. Ele precisa ser construído por partes, mas continuado até que se concretize pelo menos um nível básico de cada um desses componentes. Uma das partes mais importantes, e que apesar disso é frequentemente esquecida no processo, é a das "pessoas multifuncionais, capazes e altamente motivadas". Isso exige muito mais tempo e paciência do que implementar ferramentas como o *kanban*.

Não se pode simplesmente imitar a Toyota em partes – um pouco de *kanban* aqui, uma célula ali, colocar no *andon*, desenvolver trabalho padronizado, treinar as pessoas e deixar que trabalhem em paz. Isso jamais dará resultados. Trata-se de um sistema vivo em que cada parte afeta as demais. Ohno aprendeu que, quando o processo é estável, é possível eliminar estoque, reduzindo a possibilidade de produzir em excesso, o que por sua vez exige maior estabilidade, e isso requer que as pessoas resolvam problemas, o que desenvolve suas capacidades, e assim por diante. Tudo isso exige um ambiente de confiança e de respeito pelas pessoas.

Steve e eu trabalhamos com muitas empresas que começaram a jornada para o *lean* com grande entusiasmo, só para ver, em algum ponto, tudo isso se desfazer. Depois de breves conquistas, a cúpula administrativa perdia o interesse e optava por uma nova moda. Antes mesmo que tomássemos consciência disso, o "sistema" não passava de partes individuais que se decompunham com o passar do tempo.

Steve é um *sensei* de verdade. Suas apresentações em cursos cativam os estudantes. Seu entusiasmo é contagiante. Ele consegue conduzir um evento *kaizen* tão bem quanto os melhores dentre seus pares, e a equipe sempre terá um *feedback* notável a respeito, todos sorrindo com orgulho. Qualquer *sensei* precisa, porém, de um pupilo que seja uma estrela, e que se torna a maior realização do mestre. Trata-se de uma busca interminável pelo aluno modelo que ouve, pratica, aprende, melhora e eventualmente supera o professor. Infelizmente, a organização que continua comprometida com o *lean* e com o aprendizado a longo prazo é praticamente uma raridade. Em geral, mudanças na cúpula administrativa ou uma crise econômica acabam com o impulso, e a casa desaba antes de chegar a ser construída por inteiro.

Quando Steve escreve sobre a casa do STP, não se trata apenas de uma abstração. É, isto sim, algo que ele vive. Ele consegue retratar o sistema claramente em cada uma de suas operações. Consegue orientar a organização ao longo da jornada da construção de um sistema real, desde que a cúpula administrativa esteja verdadeiramente comprometida com esse objetivo. Esta última é a parte sobre a qual não é possível ter sempre o controle.

O leitor irá gostar das histórias de Steve, que dão vida à casa. São todas histórias reais, e eu sei que Steve realmente aprecia cada uma delas. E é isto que torna esta leitura tão atraente. Acredito que este livro irá cativar cada um dos leitores. Aprecie as histórias e aprenda o que o *lean*, como um sistema, realmente significa e talvez você tenha a felicidade de trabalhar em uma organização que assuma um compromisso de longo prazo com a visão.

Jeffrey K. Liker, PhD
Autor de *O Modelo Toyota**

---

* N. de E.: Publicado no Brasil pela Bookman Editora.

Prefácio

Histórias são um meio poderoso de aprender. Histórias são memoráveis. Como se não bastasse, histórias contam uma história. Na condição de instrutor, durante muito tempo, dos programas de especialização em *Lean* da University of Michigan, eu não fazia ideia do quão poderosas e duradouras as histórias podem ser. Mesmo vários anos depois dos cursos, os participantes com quem me encontro ainda interrompem o que estão fazendo para repetir, em tom provocativo, partes da história de que mais gostaram entre as que contei durante um determinado curso. Em vez de um cumprimento respeitoso, sou geralmente saudado com um "Steve-san, parado no círculo!". Tudo bem, eles estão recordando um dos grandes erros que cometi em minha jornada de duas décadas para aprender tudo-sobre-a-Toyota.

Este livro conta a história da carreira de uma pessoa modesta ao longo de alguns pontos de aprendizado muito fortes. Neste caso, trata-se da minha carreira. Alguns nomes foram mudados para proteger os inocentes. E algumas histórias foram adaptadas a fim de transmitir uma lição ainda mais poderosa.

O livro é organizado tendo como base o modelo de implementação da Casa Toyota. É de imensa valia usar uma estrutura como a da Casa Toyota para reforçar o aprendizado. Eu também conservo as histórias em sua ordem cronológica natural, com algumas exceções, em cada capítulo deste livro. Algumas têm um nome entre parênteses antes do título da história. Isso identifica para quem eu trabalhava na época. O número entre parênteses depois do título de cada história representa a ordem cronológica real, para aqueles que preferirem uma leitura em sequência e para melhor enquadrar cada uma das histórias. A lista a seguir mostra a ordem cronológica dos meus empregadores:

- Admiral Engines (AE, montadora de automóveis)
- Glass Company
- Triangle Kogyo (fabricante de assentos e outras peças para a Mazda)
- Johnson Controls, Inc. (JCI, fabricante de assentos e peças para todas as montadoras de automóveis)
- Consultoria (aplicando os princípios Toyota, grande parte do tempo com a empresa Optiprise, de Jeff Liker)
- Altarum Institute (instituto não lucrativo de pesquisa e inovação)

Cada capítulo tem início com uma citação importante e um gráfico do modelo da Casa Toyota mostrando ao leitor onde ele se encontra (da mesma forma que a estrela "você está aqui" no mapa de um *shopping*). Esses ícones deverão mantê-lo focado na sequência e na importância do modelo. A ordem é a seguinte:

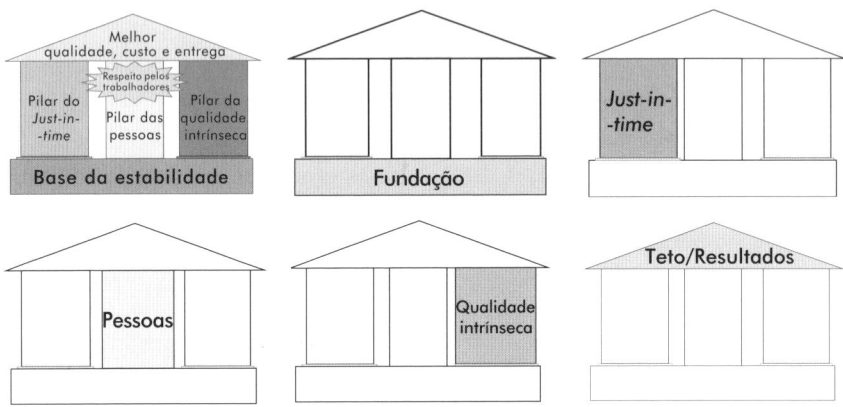

Cada uma das partes principais da casa é descrita em detalhes, incluindo várias interessantes anotações históricas. É importante observar as origens e a aplicação original ao descrevermos as ferramentas e os princípios. Depois de cada uma das apresentações, haverá cerca de uma dúzia de histórias do meu *sensei* e de outros líderes que provavelmente ensinarão mais sobre como implementar (e às vezes como não fazer isso) o Sistema Toyota de Produção (STP) que qualquer outro capítulo poderia fazer, por mais extenso que fosse.

À medida que nos aprofundarmos nos fundamentos ou nas ferramentas básicas, você poderá ter condições de me ver *aprendendo*. E poderá também aprender com os meus inúmeros erros. É possível que você tenha cometido alguns desses erros em sua carreira. Eu posso ter cometido meu milésimo erro idiota na semana passada. Aprendi a aprender alguma coisa com cada um desses erros. E você?

Os líderes Toyota me ensinaram a poderosa técnica do *hansei*, ou reflexão. Participei de algumas sessões. Ali o passado era usado para redirecionar o futuro de uma forma segura e não punitiva. Depois de cada uma das histórias do livro, listei algumas perguntas. Insisto para que você responda a essas perguntas com um olhar crítico e a disposição de reconhecer a lacuna entre o ponto em que você se encontra e aquele em que precisa estar. Sempre haverá algum ensinamento nas suas próprias respostas. Aprenda com o seu próprio aprendizado. E, o principal, compartilhe esse aprendizado para que outros não venham a cair nas mesmas armadilhas já surgidas no seu caminho. Registre os seus pensamentos tão logo eles venham a sua mente. Não espere. Não pense em corrigi-los. Simplesmente trate de ler o que dizem. Depois, leia uma vez mais essas perguntas e as suas respostas quando tiver terminado este livro. Você está realmente disposto a aprender?

Sumário

Capítulo 1 **Resumo do modelo de implementação da Casa Toyota** 1
    A família Toyoda 4
    Crescimento – a constante necessidade de um sistema ou modelo
    documentado 6
    Não são ferramentas 8
    Princípios *versus* ferramentas 11
    Lean, STP e chegada aos Estados Unidos 12
    Primeira visão da casa 13
    Espere aí, minha ferramenta preferida não está nesta casa! ... 14
    Sequência 14
    O que é um *sensei*? 16
    Metas do STP 17
    Mudando a cultura 17

Capítulo 2 **Fundação ou base: princípios básicos e histórias** 19
    Trabalho padronizado 20
    Manutenção preventiva 21
    Kaizen 22
    Processos e produtos sólidos 22
    Envolvimento prévio do fornecedor 22
    Minhas histórias mais interessantes sobre "Fundação" 26

Capítulo 3 **Pilar do *just-in-time*: princípios e histórias** 65
    JIT ou os "necessários" 66
    Fluxo contínuo 68
    A produção puxada 69
    Tempo *takt* 70
    Células 70
    Kanban 71
    Setup rápido ou Troca Rápida de Ferramentas (TRF) 71
    Minhas histórias mais interessantes sobre JIT 72

Capítulo 4 **Pilar das pessoas: princípios e histórias** 89
    O poder das ideias 90
    Solução de problemas A3 92
    Envolvimento e autonomia dos funcionários 92
    Minhas histórias mais interessantes do pilar das pessoas ... 93

Capítulo 5 **Pilar da qualidade intrínseca: princípios e histórias 113**
        Jidoka 113
        Nunca transfira defeitos 116
        Autoridade para interromper a linha 116
        Andon.. 117
        Solução de problemas 117
        À prova de erros (*Poka-Yoke*) 118
        Minhas histórias mais interessantes com QI 118

Capítulo 6 **Resumindo tudo (o teto ou os resultados) 133**
        O que é o sucesso? 134
        Suor e sangue 134
        Minhas histórias mais interessantes sobre o teto 135

Capítulo 7 **Palavras finais 147**

Alguns termos e siglas 149
        Leituras recomendadas 152

Índice **153**

Capítulo 1

Resumo do modelo de implementação da Casa Toyota

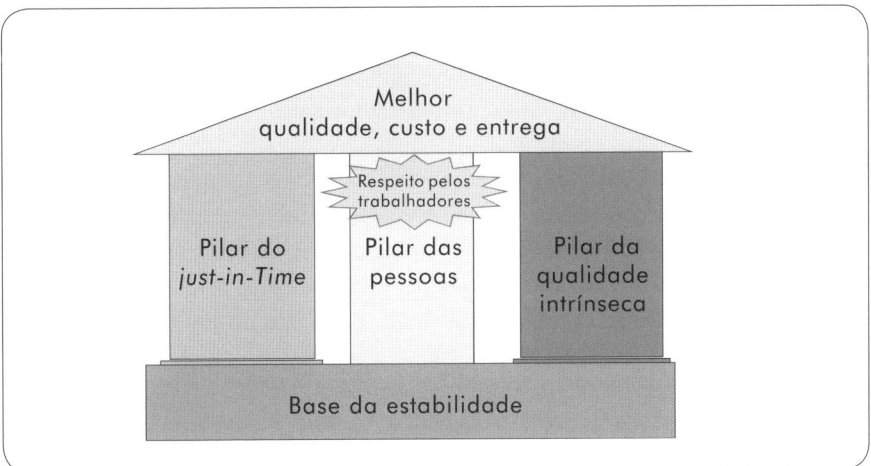

Alguma vez você já foi questionado sobre como descreveria o sistema de produção da sua empresa ou, simplesmente, a maneira que vocês fazem as coisas todos os dias? E se lhe perguntassem, qual seria a resposta? Começaria pela descrição dos produtos, ou talvez uma exposição do organograma da organização? Você se aprofundaria nos detalhes dos processos utilizados?

Se você pedir para algum funcionário da Toyota descrever o Sistema Toyota de Produção (STP), ele não começará com qualquer das sugestões acima. Provavelmente, ele apanhará uma folha de papel em branco e nela desenhará o que é conhecido como modelo da Casa Toyota. Se não desenhar, descreverá os princípios em palavras que tenham alguma espécie de sequência ou estrutura. Isso foi o que aconteceu comigo em minha primeira reunião com um líder Toyota. E este fato me conduziu a uma das mais fantásticas jornadas até hoje por mim realizadas.

Este estranho comportamento de desenhar a estrutura de uma simples casa com pilares e um teto é de tal forma consistente que parece simplesmente fluir do DNA de todos os participantes da família Toyota. Talvez seja *de fato* o DNA da Toyota, aquele Santo Graal que tantos perseguem a vida inteira. Mas, afinal, de onde veio essa casa? E, sobretudo, por que é tão importante assim?

Quando a Toyota começou a difundir seu incipiente sistema de produção para além da cidade e do Japão, houve a necessidade de uma fórmula capaz de disseminar, comunicar e treinar fornecedores e operários, de forma rápida, com relação às partes mais importantes de suas melhores práticas. Foi o então jovem Fujio Cho quem primeiro desenhou um modelo de casa para transmitir essas verdades. (Cho mais tarde passou a liderar as operações da Toyota nos Estados Unidos e foi então alçado à presidência da empresa.)

O modelo da Casa Toyota continua sendo a melhor representação simplificada dos princípios e da filosofia do STP. Uma casa é uma grande analogia para as verdades que a Toyota aprendeu ao longo de constantes tentativas e erros durante décadas de produção de têxteis e depois de veículos a motor. Uma casa é um bom modelo tanto para mostrar a sequência e os blocos de construção *durante a construção,* quanto a durabilidade e as partes físicas de sua estrutura *depois de construída.* Uma casa estável é forte e duradoura.

O STP se sustenta em uma base de estabilidade operacional como a mostrada na Figura 1.1. Uma das principais deficiências dos programas de mudança

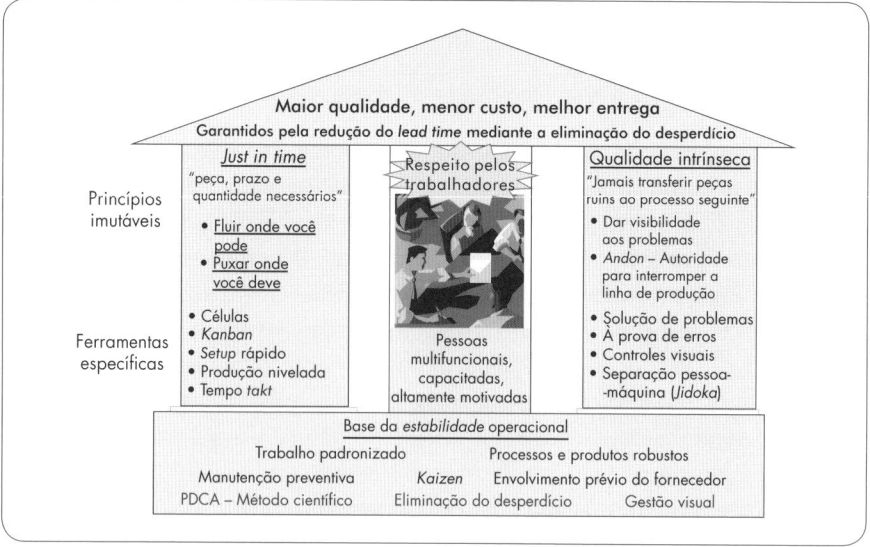

Figura 1.1 Modelo da Casa Toyota, adaptado da Toyota Motor Manufacturing, Kentucky.

do passado era que as ferramentas ou os conceitos de alguma forma passavam a constituir o objetivo. Em transformações STP, a implementação das ferramentas NÃO é o objetivo. Os líderes Toyota nunca esqueceram que estiveram sempre construindo *alguma coisa*. Essa alguma coisa é um empreendimento sólido – e não as ferramentas. E é bem representado por uma casa.

Uma casa tem partes grandes, como uma base, paredes ou colunas, e um teto. Na nossa analogia da Casa Toyota, colocamos palavras adicionais no interior das partes principais. As partes principais são indispensáveis. São estruturais e integrais para fazer uma casa ficar em pé. As palavras no interior das partes principais são igualmente necessárias. Chamamos essas palavras de **princípios**. Os princípios são atemporais, imutáveis e sempre implementados com convicção e determinação.

Há também algumas palavras dentro dos pilares que representam "ferramentas". São cerca de 20 as ferramentas usadas constantemente no STP (como organização do local de trabalho utilizando 5S, *kanban* ou células com fluxo unitário de peças). Essas ferramentas são seguidamente aplicadas em formas únicas e padronizadas dentro de uma organização. As ferramentas relacionadas na casa foram selecionadas devido à respectiva importância e colocadas onde são normalmente usadas em primeiro lugar. Essas peças serão sempre marcadas com o símbolo do ponto negritado.

São muitas as variações existentes deste modelo de casa. A sequência dos pilares muda, e mais ou menos palavras aparecem nas caixas. Seguidores de Taiichi Ohno provavelmente rotulariam o pilar direito de *Jidoka*. Mas os princípios atemporais, imutáveis e inabaláveis persistem. O modelo da Casa Toyota sustenta-se como uma grande representação e uma estrutura eficaz, fácil de ser acompanhada, para o entendimento desses princípios.

Construir uma casa é uma analogia comum que quase todos conseguem acompanhar. Isso demonstra não apenas a importância de fundamentos bons e sólidos, mas também uma sequência de princípios nos quais se deve manter o foco. É preciso tomar cuidado para não fazer das ferramentas ou princípios os objetivos. O teto demonstra isso muito bem. Os objetivos não são o STP, as ferramentas, os princípios ou um conceito imponente. O objetivo é um empreendimento sólido. O teto audaciosamente promete "a melhor qualidade, custo e entrega do setor" para as empresas que construírem esse sistema da maneira certa. Você está pronto para começar a construir?

Ao longo deste livro, usarei os termos "fundamento" e "base" como sinônimos. O pilar mais à esquerda será intitulado "*Just in Time*" (JIT). O pilar mais à direita será chamado de "Qualidade Intrínseca". O pilar central é intitulado

"Respeito pelos Trabalhadores", e às vezes chamado de pilar das pessoas ou da cultura. O triângulo superior é o "teto" ou os resultados. A Toyota garante a melhor qualidade, custo e entrega, objetivos a serem atingidos pela redução do *lead time* (tempo de atravessamento) mediante a eliminação do desperdício.

O ponto destacado pelo modelo da casa é simples: da mesma forma que na construção de uma casa, existe uma sequência e organização para os princípios e ferramentas do STP. O modelo da Casa Toyota mostra como as cerca de 20 ferramentas e princípios do STP, simples mas eficientes, funcionam em conjunto para construir um empreendimento sólido.

❖ A família Toyoda

Foram alguns membros da família Toyoda e líderes do setor produtivo os responsáveis pela coleta e formatação daquilo que hoje conhecemos como o STP. Quatro homens, em especial, são reconhecidos pelas principais contribuições ao sistema:

- Sakichi Toyoda fundou o Grupo Toyoda em 1902.
- Kiichiro Toyoda, o filho mais velho de Sakichi, comandou a operação de produção de automóveis entre 1933 e 1950, e ficou conhecido principalmente pelo desenvolvimento do conceito da produção JIT.
- Eiji Toyoda, primo e amigo íntimo de Kiichiro, foi diretor executivo entre 1950 e 1981, e presidente de 1981 a 1994.
- Taiichi Ohno, um líder de produção das operações Toyoda, foi o principal agrupador das ferramentas e dos princípios e é conhecido em especial como o pai do sistema *kanban*.[1]

Sakichi fundou a Empresa Toyoda de Teares Automáticos. Em 1898, Sakichi aperfeiçoou um tear têxtil que parava automaticamente toda vez que um fio se rompia.[2] Essa máquina à prova de erro (*poka-yoke*) garantia qualidade ao mesmo tempo em que minimizava o desperdício de forma automática. Ela permitiu aos operadores manobrarem ao mesmo tempo múltiplas máquinas pela detecção dos erros, e assim aumentou muito sua produtividade. Em 1910, Sakichi visitou os Estados Unidos pela primeira vez e testemunhou o impacto dos automóveis na vida dos norte-americanos.[3] Sakichi Toyoda desafiou seu filho Kiichiro a fabricar um carro japonês com mãos japonesas.[4] Em 1929, Sakichi Toyoda, assumiu um grande risco: vendeu as patentes dos teares automáticos para financiar uma empresa montadora de automóveis e colocou o filho Kiichiro no comando do negócio. A Ford e a General Motors (GM) detinham então mais de 90% do mercado automobilístico no Japão.[5] Eles teriam de anular rapidamente anos de liderança da Ford e da GM em tecnologia e *know-how* para serem competitivos. Esse desespero por sobreviver pareceu levar a família Toyoda a contínuas melhorias.

A paixão de Kiichiro pelos automóveis desenvolveu-se durante um ano de estudos na famosa fábrica River Rouge de Henry Ford, em Detroit, em 1929.[6] Ele aprendeu tudo sobre o sistema de produção em massa da Ford, mas sentiu que precisaria adaptá-lo às quantidades menores de produção no Japão. Chegou a fazer diversos modelos na mesma linha de produção. Na época, isso era algo desconhecido nos Estados Unidos. Como o Japão sofria de escassez de recursos naturais para a produção de carros no país, projetou sistemas sem estoques excedentes e fez parceria com os fornecedores a fim de equilibrar os volumes de produção. Esse sistema tornou-se conhecido como JIT em todas as operações Toyoda.

Kiichiro era um experimentador incansável. Desde cedo ele desmontava motores Chevrolet e, em 1935, desenvolveu um protótipo chamado A1, com Eiji, usando o DeSoto Airflow da Chrysler como modelo.[7] Em 1936, Kiichiro pretendia fazer o lançamento de seu novo negócio de automóveis com um grande impacto. Ao mudar levemente a grafia do nome da família, poderia escrevê-lo usando-se oito pinceladas – um número da sorte no Japão – e por isso o nome ficou sendo Toyota.[8] Em 1938, Kiichiro instruiu Eiji a construir uma fábrica na região central do Japão. Essa instalação, situada na que é hoje chamada Toyota City, foi a pioneira no JIT, *kaizen*, melhoria contínua e *kanban* – todos princípios essenciais do STP.

Depois da Segunda Guerra Mundial, as terríveis dificuldades econômicas enfrentadas pelo Japão levaram o presidente Kiichiro Toyoda a reorganizar o Grupo Toyoda. Ele insistia que os executivos da Toyota estavam moralmente obrigados a evitar demissões – sem dúvida, um predecessor do princípio atual do *respeito pelas pessoas*. Em 1950, quando os credores impuseram condições exigindo que a Toyota dispensasse a mão de obra excedente, Kiichiro sentiu-se obrigado a renunciar à presidência do grupo. A isto seguiu uma onda de agitação entre os trabalhadores. Kiichiro voltaria por um breve período dois anos depois, mas uma hemorragia cerebral pôs fim a sua carreira.[10]

Eiji associou-se à Fábrica de Teares Automáticos Toyoda em 1936, sendo nomeado diretor executivo do ramo automobilístico do grupo uma década mais tarde. Depois de visitar novamente as operações da Ford Motor Company na década de 1950, Eiji passou a comandar grandes reformas das fábricas de automóveis da Toyoda, e até implementou a versão Ford de um sistema de sugestão dos funcionários. Isso mais tarde transformou-se em outro grande tijolo da construção do STP – a melhoria contínua, ou *kaizen*.[11]

O operador de teares Taiichi Ohno era o agrupador-chefe das ferramentas de melhoria. Ele é considerado o criador do STP como um todo, ainda que a família Toyoda já tivesse muitas de suas partes em funcionamento. Ohno passou a trabalhar na Fábrica de Teares Automáticos Toyoda depois de se formar pela Escola Técnica de Nagoya em 1932. Como exigente líder de produção, levou os conceitos do JIT de Kiichiro Toyoda ainda mais longe ao concentrar o foco de todos os funcionários na identificação e na redução do desperdício. Elaborou métodos para reduzir os estoques a praticamente zero. Taiichi promoveu pequenos lotes, fluxo de produtos e *kanban*. Sua filosofia de produção exigia uma força de trabalho com altas capacitações. Sob sua liderança, o conhecimento passou a fluir livremente.[12]

Depois de um giro de estudos pelos Estados Unidos, Ohno também adaptou as funções de suprimento de materiais que viu nos supermercados americanos para a produção de automóveis. Da mesma forma que um estoquista usava um cartão de reabastecimento para colocar mais mercadorias nas gôndolas, Ohno passou a usar cartões similares em suas fábricas, e mesmo com os fornecedores locais.

Durante a Segunda Guerra Mundial, a fábrica de teares de Ohno foi convertida à produção de peças de automóveis e caminhões. A Segunda Guerra Mundial foi devastadora para as instalações das fábricas. Eiji Toyoda trabalhou incansavelmente para reconstruir todas as fábricas da Toyota depois dessa destruição. Taiichi Ohno teve um papel importante no estabelecimento de princípios JIT e daquelas que hoje são conhecidas como as metodologias STP. As novas instalações foram construídas do zero para produzir componentes e montar automóveis usando os princípios do STP.

❖ Crescimento – a constante necessidade de um sistema ou modelo documentado

Nos primeiros anos de Taiichi Ohno, muito pouco do STP existia em documentação formal. Pensamentos e esboços feitos à mão eram às vezes usados, especialmente das visitas de Ohno e das equipes da Toyota, nos anos 1950, às operações de Henry Ford, bem como aos supermercados perto de Detroit. Os trabalhadores da Toyota no chão de fábrica implementaram e aperfeiçoaram princípios simples, porém revolucionários. Não parecia haver uma necessidade aprofundada de documentar formalmente o crescente conjunto de conhecimentos, que se expandia a partir das operações lideradas por Taiichi Ohno.

No restrito círculo de instalações que compunham a Cidade Toyota no Japão, as melhores práticas se difundiram rapidamente. Mas, à medida que a Toyota expandiu seu sistema de produção para a sua base japonesa de fornecedores, e então para outros países, entre os quais os Estados Unidos, passou a existir um tipo diferente de problema. Como a Toyota iria transmitir sua filosofia de produção a cada trabalhador fora da Cidade Toyota, ao longo de sua base de fornecedores, e então pelo mundo inteiro? Em 1992, havia fábricas produzindo veículos da marca Toyota em cerca de 30 locais e em mais de 20 países, além do próprio Japão.[13]

Contribuindo ainda mais para a necessidade de uma abordagem documentada, aparecem as diferenças positivas na cultura japonesa e nas pessoas. Tanto o conformismo quanto a aceitação das melhores práticas desempenharam importante papel na expansão relativamente fácil dos princípios e práticas Toyota no Japão. Mas o treinamento passo a passo, disciplinado, de caminho único e demonstrativo, nem sempre era bem recebido por trabalhadores fora do Japão.

Na cultura japonesa, um ditado era muito usado: *Deru Kugi wa utareru*. Isso quer dizer: "A unha que cresce demais acaba sendo cortada." O conformismo é um traço característico dos japoneses. É considerado algo positivo vestir, falar e mesmo trabalhar em estilos parecidos. Para o trabalhador típico japonês, ser egocêntrico e abertamente individualista são atributos negativos, muito ao contrário do que acontece no Ocidente. Acrescente-se a isso um respeito pelo próximo, e fica fácil imaginar a razão da aceitação mais rápida das melhores práticas ou padrões. Isso não se reproduzia, porém, por toda a ampla e crescente comunidade de fornecedores da Toyota.

Taiichi Ohno buscou desenvolver um sistema ideal de produção, um sistema que tivesse um fluxo contínuo, como um curso d'agua. Seu sistema ideal foi inspirado pelas observações de Eiji Toyoda na Ford Motor Company em meados da década de 1950. Ohno viu estações de trabalho muito próximas, trabalho nivelado e sincronizado, e nenhum estoque entre as estações. O processo entregava o produto acabado ao cliente exatamente quando este precisava do produto (*just-in-time*, ou no tempo certo). Taiichi Ohno muitas vezes perguntou aos seus pares e supervisores quais eram os obstáculos a um sistema sem estoques. Então ele exigia: "eliminem as causas". O resultado disso foi um sistema de produção que elimina as causas para a existência de estoques.

Taiichi Ohno provavelmente não teria documentado formalmente qualquer parte do STP por conta própria. Seu estilo pessoal de treinamento prepare-e-demonstre era eficiente na produção de discípulos que *pensavam* como ele. Um deles foi Fujio Cho, que mais tarde viria a liderar as operações da Toyota nos Estados Unidos ao longo de sua constante e sólida expansão na década de 1990. Foi Cho quem pela primeira vez documentou os princípios Toyota em um modelo de casa.[14] O modelo de Cho daria ao mundo uma estrutura para melhor compreender o STP. Hiroyuki Hirano e outros iriam contribuir para essa documentação.

O modelo da Casa Toyota é uma representação simples e boa dos princípios Toyota. A mais forte analogia por trás do modelo da casa é que nós estamos na verdade construindo *alguma coisa*. Algo físico que terá durabilidade. Algo que é maior que a soma de suas partes. Algo que nos enche de orgulho. Usamos ferramentas para construir e manter uma casa. Mas você não enxerga nenhuma ferramenta quando olha para uma casa concluída. Um aspecto negativo de uma casa é que ela tende a se deteriorar ou até mesmo a ruir e precisa de constantes consertos. Por isso a Toyota deseja que todos os seus funcionários façam sua casa cada vez mais forte e, idealmente, *um pouco melhor a cada dia*.

Uma casa é um sistema de muitas partes, cada uma delas de igual importância. Nenhuma das partes consegue cumprir a missão isolada das demais. Na verdade, elas são todas ligadas de forma adequada. Fica difícil ver onde cada parte termina e a próxima começa. Por exemplo, *processos sólidos* não são viáveis sem *trabalho padronizado*. Se você reduz bastante o tempo ocioso de suas máquinas (*manutenção preventiva*), mas seus fornecedores não lhe entregam os produtos sempre no prazo, você não consegue se antecipar. *Trabalho padronizado* e *gestão visual* servem para realçar o *desperdício*. Cada princípio e cada ferramenta são inexoravelmente entrelaçados em conjunto na trama do STP. Separar os princípios é impensável, sendo igualmente impossível sustentar cada um deles em separado.

❖ Não são ferramentas

Um dos maiores mal-entendidos a respeito do STP é dizer que se trata de um simples conjunto de técnicas ou ferramentas. Nada poderia estar mais distante da verdade. Na realidade, cada princípio ou ferramenta parece servir a um determinado objetivo. Cada princípio ou ferramenta *realça o desperdício*, o que leva um trabalhador a fazer alguma coisa no sentido de reduzir esse desperdício. Shigeo Shingo, professor e consultor na Toyota, descreveu-o como um "sistema para a eliminação total do desperdício".[15] Da mesma forma que um bom carpinteiro usa as ferramentas para construir uma casa, *projetistas* de uma organização usam as ferramentas para construir uma empresa sólida.

O objetivo principal de cada ferramenta do STP é fazer o desperdício aparecer. Seja ele gestão visual, 5S, trabalho padronizado, diagramas espaguete ou Troca Rápida de Ferramentas*, essas ferramentas servem para realçar o desperdício. A ferramenta em si não resolve o problema do desperdício, mas uma pessoa de bom senso que estiver usando uma delas poderia sentir-se motivada a elaborar uma sugestão para reduzir esse desperdício. A ferramenta *realça* o desperdício enquanto o usuário *reduz* o desperdício. Às vezes a utilização de uma ferramenta dá início à incansável perseguição, por um trabalhador, de estratégias de localização e redução de desperdício.

Aqui está um bom exemplo da maneira pela qual as ferramentas realçam e provocam mudanças positivas. No diagrama de balanceameto da linha (Figura 1.2, página 10), colhido de observações diretas, o Trabalhador A é subutilizado, enquanto o Trabalhador B é utilizado em excesso. Se o Trabalhador A tivesse treinamento multifuncional para realizar pelo menos algumas das tarefas do Trabalhador B, toda a sua célula, ou unidade de trabalho, poderia produzir mais. A ideia para concretizar essa mudança partiu dos trabalhadores depois de revisarem o diagrama de balanceameto da linha. Este diagrama foi apenas a ferramenta que ajudou a construir um processo mais forte.

Outro exemplo para demonstrar como as ferramentas realçam o desperdício é a Figura 1.3 (página 10), um diagrama espaguete. O diagrama realça o antes e o depois do desperdício dos trabalhadores em seus deslocamentos por toda a linha de produção. Imediatamente depois de documentar esse desperdício, os trabalhadores apresentaram soluções simples para resolvê-lo.

---

* N. de R.T: Em inglês, SMED (Single Minute Exchange of Dies), traduzida em português como TRF (Troca Rápida de Ferramentas). Trata-se da ferramenta utilizada para a redução do tempo de *setup* ou tempo de preparação para um tempo influir a 1 dígito (menos de 10 minutos). O tempo de *setup* ou tempo de preparação corresponde ao tempo de parada do equipamento para a troca de ferramentas e matrizes para a produção de um novo item. Ele corresponde ao tempo decorrido entre a produção da última peça boa do lote anterior até a produção da primeira peça boa do lote subsequente. Na tradução desta obra, o termo SMED é substituído por TRF.

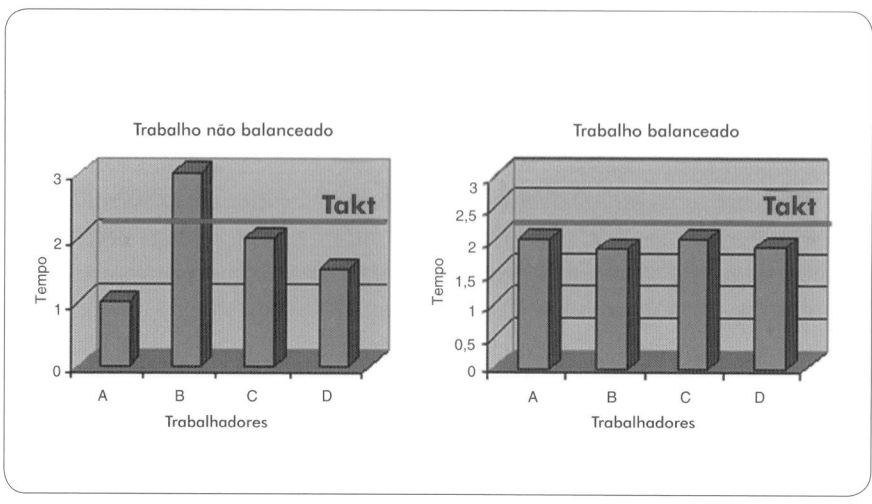

Figura 1.2 Diagramas de balanceamento de linha ou célula (antes e depois do *kaizen*).

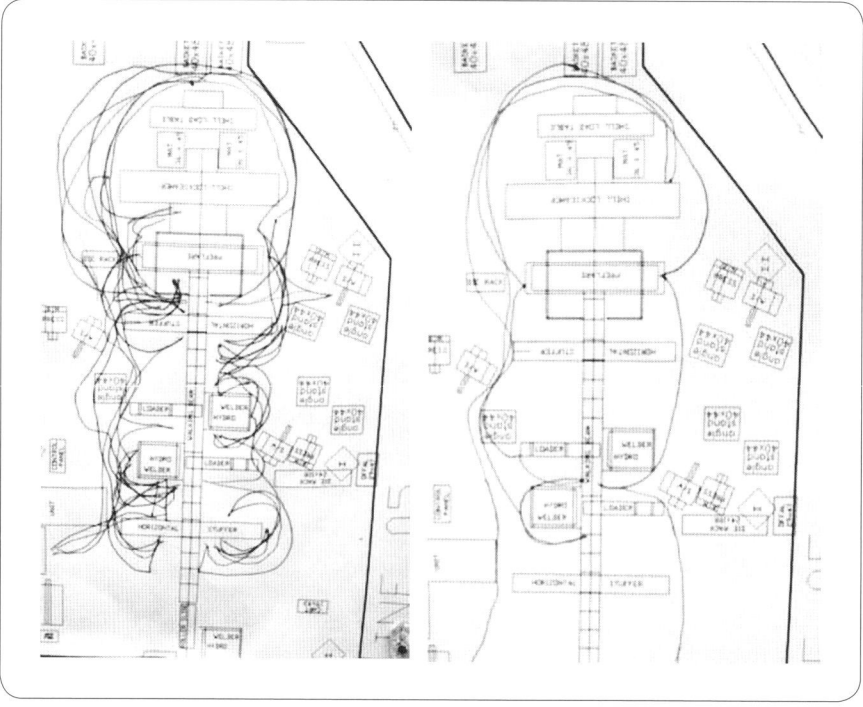

Figura 1.3 Diagramas espaguete (mapas dos deslocamentos dos operadores, antes e depois do *kaizen*).

❖ Princípios *versus* ferramentas

Há princípios atemporais, imutáveis e resistentes listados no alicerce e nos três pilares. Esses princípios sempre funcionam de uma determinada maneira, forma ou ordenamento. Não admitimos concessões a esses princípios. E eles são sempre implementados em uma determinada sequência.

Alguns dos princípios atemporais, imutáveis e inabaláveis nos alicerces são o trabalho padronizado, produtos e processos sólidos, manutenção preventiva, *kaizen* (pequenas mudanças para o bem, ou melhorias contínuas), envolvimento (antecipado) dos fornecedores, PDCA (Planejar-Fazer-Verificar-Agir) e método científico, eliminação do desperdício e gestão visual. Estes serão descritos nas próximas seções.

Os princípios-chave no pilar do JIT são peça necessária, prazo necessário e quantidade necessária; fluxo contínuo; e produção puxada. Os princípios-chave no pilar da Qualidade Intrínseca (QI) são "jamais transferir peças com defeito para o processo seguinte", tornar os problemas visíveis e ter autoridade para interromper a linha de produção (utilizando *andons*). Todas as palavras no pilar das pessoas (respeito, multifuncionalidade, capacidade e motivação) são princípios com a convicção de que as pessoas são a chave do STP.

Há também ferramentas específicas na casa. As ferramentas podem parecer diferentes quando aplicadas em áreas diferentes, mas os princípios permanecem imutáveis. Algumas ferramentas específicas mostradas em nossa Casa Toyota são células com fluxo unitário de peças, *kanban*, *setup* rápido, produção nivelada e tempo *takt* no pilar do JIT. Da mesma forma, mostramos a solução de problemas, à prova de erros, os controles visuais e a separação pessoa-máquina (*jidoka*) no pilar QI. São ferramentas que podem ser usadas na produção industrial e em outros setores, inclusive nos sistemas de assistência à saúde.

Algumas ferramentas adicionais são usadas com frequência na transformação de processos, embora não sejam mostradas especificamente na casa, entre as quais os formulários de desperdícios no processo e as etiquetas vermelhas do 5S na base. No pilar do JIT, existem muitas ferramentas de balanceamento de linha e de criação de células, assim como os formulários da manutenção produtiva total (MPT).* No pilar do QI, ferramentas integrando à prova de erros em modos de falha e análises de efeitos, e respostas *andon* de auditoria são inferidas, mas normalmente não são mostradas. A ausência de uma ferramenta neste modelo não significa que não seja usada. Contudo, a presença de

---

* N. de R.T.: Em inglês, Total Productive Maintenance (TPM).

determinadas ferramentas nesta versão da casa mostra ferramentas significativas ou muito importantes. A Casa Toyota destina-se a mostrar em especial os princípios e onde eles são usados em primeiro lugar.

Um bom exemplo de princípio *versus* ferramenta é o cartão *kanban*. O *kanban* é uma ferramenta. No entanto, o princípio superior é chamado de Produção Puxada. Existem muitas formas de puxar produtos (por exemplo, quadrados pintados no chão de fábrica chamados de "quadrados *kanban*", alguns contêineres exclusivos, etc.). Mas o princípio permanece o mesmo: *fluir onde você pode* e então *puxar onde você deve* (e nunca empurrar). Os cartões *kanban* são, na verdade, uma terceira opção, depois do fluxo unitário de peça e do *kanban* simples e visual.

❖ *Lean*, STP e chegada aos Estados Unidos

O reconhecimento generalizado do STP como o melhor modelo de sistema de produção aumentou rapidamente com a publicação, em 1990, de *The Machine That Changed the World: The Story of Lean Production*, de Dr. James Womack, Daniel Jones e Daniel Roos. Esse livro foi o produto de cinco anos de pesquisas lideradas pelo Massachusetts Institute of Technology (MIT). Os pesquisadores dessa renomada instituição constataram que um determinado estilo de gerenciamento japonês de produção era de tal maneira mais eficaz e eficiente que a produção tradicional, em massa, que representava um paradigma completamente novo.

Esse livro foi o primeiro a cunhar o termo **produção lean** (ou enxuta) para indicar essa abordagem totalmente diferente da produção. O termo foi ideia de John Krafcik, pesquisador assistente do International Motor Vehicle Program, no MIT, no final da década de 1980. Ele trabalhava, na época, para a GM, enquanto completava sua pós-graduação no MIT. John é atualmente CEO e presidente da Hyundai Motor America.

Ao mesmo tempo, outros fabricantes estudavam sistemas capazes de aumentar a eficiência da produção. Desenvolveram conceitos muito próximos dos princípios-chave do STP, mas raramente tinham todos os princípios em seus modelos. Alguns dos sistemas dessas empresas foram chamados de:

- *Stockless Production* (Produção sem Estoques) – Hewlett Packard; um belo vídeo mostrando uma simulação desses princípios foi produzido com baixo orçamento, e ainda existem cópias disponíveis.

- MAN (*Material as Needed* – Materiais de Acordo com a Necessidade) – Harley Davidson.
- MIPS (*Minimum Inventory Production Systems* – Sistemas de Produção com Estoques Mínimos) – Westinghouse.
- *Lean Manufacturing/Production* (Manufatura/Produção *Lean*) – MIT.

Ao longo deste livro, usarei o termo *STP* sempre que me referir ao conjunto do sistema de produção e ao pensamento aperfeiçoado pela Toyota. O leitor encontrará muitas vezes o termo *lean* usado como sinônimo, mas STP parece mais abrangente que apenas os conceitos *lean* em *The Machine That Changed the World*. A sigla STP é mantida e incrementada por meio de iterações de trabalho padronizado e *kaizen* (melhorias contínuas pequenas e diárias), seguindo um ciclo PDCA de melhoria. O ciclo de melhoria PDCA, do Dr. Walter A. Shewhart na Bell Labs e posteriormente do Dr. Edwards Deming, usa o método científico: passos de processo simplificado no método científico têm por meta descrever uma hipótese, planejar uma mudança, experimentar para testar a hipótese, verificar as melhorias e então adotar o novo padrão, sempre que comprovar ser melhor.

❖ Primeira visão da casa

Como parte de minha pretensão de aprender todo o possível sobre a Toyota e seus sistemas de produção, passei a trabalhar na Johnson Controls, Inc. (JCI), na divisão de assentos para automóveis. Minha função seria aprender os melhores métodos então usados e ensinados em nossa fábrica de assentos do Toyota Camry, documentá-los, e depois difundir as melhores práticas para todas as nossas cerca de 50 franquias automobilísticas na América do Norte. Esta missão simplesmente situou-me no caminho para aprender com os melhores, documentar todo esse aprendizado com o maior capricho, e até mesmo ser pago por isso! Foi, sem dúvida, um grande emprego e uma fantástica missão.

Tive minha primeira visão da Casa Toyota durante uma reunião, no começo da década de 1990, com um dos meus mentores na JCI, Phil Beckwith, e um **mestre de senseis** para fornecedores da Toyota, que chamarei de Hiroyuki Nohba. Pedi ao meu *sensei*: "Por favor, ensine-me tudo sobre o Sistema Toyota de Produção." Hiro puxou um pedaço de papel em branco e desenhou uma casa semelhante à figura mostrada anteriormente: a Casa Toyota. Era muito simples. Ferramentas e princípios poderiam ser acrescentados aos pontos aos quais melhor se adaptassem. Tomei notas mentalmente para aprender mais a respeito dessa importante ferramenta de aprendizado, que parecia exclusiva da Toyota. Por favor, leiam a história "Você Irá Fracassar" (no Capítulo 2) para mais detalhes a respeito desta reunião e de outras posteriores. Eu realmente não tinha a menor ideia da extrema importância da base nessas primeiras reuniões. Com o tempo, passei a entender a respeito – da maneira mais difícil!

❖ Espere aí, minha ferramenta preferida não está nesta casa!

O modelo da casa não tem por objetivo representar uma lista completa de ferramentas. Para simplificar um curso sobre ferramentas *lean* que eu desenvolvia para a University of Michigan, espalhei as cerca de 20 ferramentas exclusivas do STP pelo modelo da casa nos lugares em que achei que tivessem sido usadas no começo. Qual foi a resposta? Em lugar de certezas, os participantes aparentemente passaram a ter ainda maiores dúvidas e perguntas a respeito da localização, terminologia e uso das palavras japonesas na casa. As pessoas se manifestaram especialmente sobre quais ferramentas faltavam na minha versão da casa. Algumas também argumentaram com grande convicção que as ferramentas de redução da variabilidade não deveria aparecer "sob" o rótulo *lean*. Em outras palavras, a beleza e o objetivo do modelo da casa eram desfeitos pelo simples fato de encher a casa com ferramentas. Depois disso, optei por enfatizar os princípios e apenas umas poucas ferramentas em um slide da Casa Toyota mais parecido com aquele desenhado para mim no começo.

    A maior dúvida é "como consolidar o princípio disponível?". Por exemplo, como consolidaremos uma fundação de estabilidade para as nossas operações? A resposta a esta pergunta não incluirá um conjunto forçado de ferramentas no ponto em que entendermos que elas poderiam melhor se adaptar. Na verdade, você poderá não se sentir habilitado a responder com plenitude a esta pergunta enquanto não tiver tentado várias combinações de ferramentas para dar sustentação aos princípios. A chave do modelo da casa é instalar e dar sustentação aos princípios do modo Toyota de produção.

❖ Sequência

Princípios e ferramentas STP são implementados aproximadamente nesta ordem: Fundações, então os pilares do JIT e da QI em paralelo, ao mesmo tempo em que se vai aplicando tudo isso às Pessoas que realizam o trabalho todos os dias, em vez de somente a uma ou outra equipe *Lean* ou Seis Sigma isoladamente. A beleza do modelo da casa pode ser vista nesta sequência.

A pergunta que ouço com maior frequência nos cursos da University of Michigan é a seguinte: "Tenho feito muita coisa no sentido da melhoria contínua, mas como vou fazer para que isso 'permaneça'?". Neste livro, você irá aprender não apenas as minhas soluções para dúvidas semelhantes, mas também os meus conselhos sobre o que não se deve fazer. A sequência e os princípios na Casa Toyota podem ser o seu guia para afastá-lo de uma colisão com as rochas enquanto estiver navegando pelas águas escuras da transformação.

Para construir uma casa, as fundações devem vir em primeiro lugar. Em seguida, você ergueria as paredes. Elas precisam ser erguidas em conjunto. Precisam ser alinhadas e retas, ao mesmo tempo em que complementam umas às outras. Se você estabelecer corretamente os princípios do pilar do JIT, começará a entregar produtos aos seus clientes da primeira à última etapa da produção com grande rapidez (*lead time*, ou tempo de atravessamento). Quando você anda depressa demais, o que tende a acontecer? Começa a errar com frequência. O modelo da casa mostra que você precisa construir os pilares do JIT e da QI ao mesmo tempo. Precisa das ferramentas da QI a fim de manter a rapidez sem cometer erros. E também precisa das ferramentas do JIT para criar processos com *feedback* rápido, a fim de ajudar a tornar visíveis os problemas.

Por fim, você não pode colocar o teto se estiver faltando alguma parede ou pilar. Ainda assim, já testemunhei inúmeras empresas que pararam de completar ou simplesmente omitiram uma parede como a da QI ou até mesmo do Respeito pelas Pessoas. Elas normalmente passam a enfrentar forte concorrência exatamente em função da ausência desses pilares. Uma vez instalados os seus três pilares, você deverá começar a ver os resultados. Em algumas cadeias de valor menores, os clientes conseguem sentir os resultados em algumas semanas depois da implantação. Em cadeias de valor maiores e naquelas com processos de alta complexidade, pode levar meses e até mesmo anos até que se comece a ver o impacto das mudanças sistêmicas contidas no modelo da Casa Toyota.

Melhor qualidade, custo e entrega são possíveis mediante a aplicação diária dos princípios Toyota – ou seja, projetar processos melhores por meio da redução do *lead time* proporcionada pela eliminação do desperdício.

❖ O que é um *sensei*?

O termo *sensei* entrou para a linguagem comum a partir das artes marciais, mas tem suas origens ainda mais antigas no Extremo Oriente. A Wikipédia define *sensei* como

> um título japonês usado para referir-se ou dirigir-se a instrutores, professores, profissionais como advogados e médicos, políticos, clérigos e outras figuras de autoridade. A palavra é também utilizada para mostrar respeito por alguém que atingiu um determinado grau de aperfeiçoamento em uma forma de arte ou alguma outra habilidade: romancistas, músicos e artistas de renome são citados como senseis; por exemplo, os japoneses fãs dos mangás (histórias em quadrinhos) referem-se ao artista Osamu Tezuka como "Tezuka-sensei".

Sensei é também frequentemente usado para descrever o professor em cursos de artes marciais como *aikido*, judô, jiu-jitsu, caratê, *kendo*, *ninjutsu*, *iaido* e *kenjutsu*, para citar apenas algumas delas.

Nos Estados Unidos, o termo *sensei* também adquiriu conotação levemente diferente. Pode referir-se a um *expert* externo em instrução especializada sobre como atingir a eficácia organizacional. O título *sensei Lean* tornou-se há bastante tempo um termo comumente usado para descrever um especialista capaz de proporcionar assessoria em estratégia operacional e organizacional.

Em meu papel diário como instrutor de STP para organizações, conheci muita gente que não tem a menor dificuldade de intitular-se *sensei*. Na maioria desses casos, nada poderia estar mais longe da verdade. O propósito real de um *sensei* é manter seu cliente afastado e a salvo das inúmeras armadilhas que surgem ao longo de seu caminho para a mudança sustentável e, ao final, deixá-lo autossuficiente neste rumo. Dentro dos objetivos deste livro, pretendo usar *sensei* somente para indicar um instrutor especializado em construção de sistemas, que desenvolveu profundas habilidades em princípios do STP mediante experiência, e que tenha sido treinado por um *sensei*.

Não existe diploma de *sensei*, e não creio que deva existir. A experiência é o verdadeiro instrutor. O *sensei* meramente guia o estudante ao longo de uma série de experimentos de aprendizagem. O *sensei* não evita que o estudante venha a experimentar todos os problemas existentes ao longo da jornada. Na verdade, parte do aprendizado de um estudante pode consistir em chocar-se com uma ou duas barreiras na estrada, e a partir dos danos sofridos imaginar a melhor maneira de encontrar uma solução. O *sensei*, no entanto, irá evitar que o aluno caia em sérios erros e riscos por meio de seu firme controle sobre o estudante – de maneira muito parecida àquela pela qual o Sr. Miyagi evitou que Daniel-san fosse longe demais em seu treinamento no filme *Karate Kid – A Hora da Verdade*.

❖ Metas do STP

Há uma conclusão importante que precisa ser explicitada antes de discutirmos os detalhes das Fundações e dos três Pilares. A meta *não é o lean*. A meta *não* é implementar ferramentas ou princípios *lean*. A meta é *construir uma empresa sólida*. O Teto da casa proclama "*Maior Qualidade, Menor Custo, Melhor Entrega*". A Toyota apresentou uma garantia razoavelmente blindada aos líderes da Johnson Controls. Eles disseram: "*Se* vocês implementarem e sustentarem os princípios da casa, contarão com a melhor Qualidade, Custo e Entrega no setor – isto é uma garantia!" Nosso *sensei* da Toyota tinha razão.

Algumas pessoas observam que a ausência de sua determinada "ferramenta" na casa indica desconhecimento sobre melhoria contínua. Eu não vejo a questão desta forma. Entender os detalhes deste modelo proporciona a você um mapa de ouro para construir e dar sustentação a um sólido empreendimento. Existem muitos outros detalhes por trás das paredes pintadas desta casa. É por isso que a forma de uma casa é um grande modelo para a implementação.

❖ Mudando a cultura

Não espere por uma mudança de cultura antes de começar a sua transformação para o STP. A mudança de cultura vem com a entrega aos trabalhadores das chaves para o seu processo, da mesma forma que você entrega chaves para os automóveis de cada um. À medida que as pessoas recebem as chaves para alterar seus processos de trabalho, suas atitudes precisarão também passar por uma mudança. Se os associados mudarem suas atitudes, seu comportamento, a cultura também mudará. É por isso que dizemos que a implementação do STP proporciona "a adesão pelo envolvimento". A Toyota não compra treinamento para acertar sua cultura. Eles simplesmente aperfeiçoam seus processos de trabalho, todos os dias, sem limite.

←---Liderança Ativa e Visível--------------------------------------→
Trabalhadores alteram processos → Atitudes mudam → Cultura muda

Todas essas mudanças são orientadas e incentivadas por líderes que confiam e respeitam seus trabalhadores. Os líderes estabelecem e esclarecem as metas. Os líderes ensinam e moldam os princípios STP. Os trabalhadores identificam e removem o desperdício dos seus processos diariamente. Este processo é repetido dia após dia. Uma vez que os funcionários constatam que nenhum deles é demitido sem motivo e que suas ideias são respeitadas, ocorre uma visível mudança na cultura. É possível ver isto nas frequências ao trabalho. É possível ouvir tudo isto nos corredores. E, finalmente, é possível ver e sentir a mudança no compartilhamento das comemorações e das gratificações.

❖ Notas

1. Becker, Ronald M., "Lean Manufacturing and the Toyota Production System", Automotive Manufacturing & Production, June, 2011.
2. *Time 100*: Aug. 23-30, 1999, vol. 154 N 78, Asians of the Century: Eiji Toyoda, por Ed Reingold.
3. Ohno, Taiichi. Toyota Production System: Beyond Large-Scale Production. New York: Productivity Press, 1988, p. 78. Edição original japonesa: Toyota Seisan Hoshiki, Tokyo, Japan: Diamond, Inc., 1978.
4. Time 100, Ibid.
5. Becker, Ronald M., Ibid.
6. Womack, James P., Daniel T. Jones, and Daniel Roos. The Machine That Changed the World, New York: Simon & Schuster, 1990.
7. Dawson, Chester, BusinessWeek, "Kiichiro and Eiji Toyoda: Blazing The Toyota Way," May 24, 2004.
8. "History of Toyota," http://www.aygo.co.uk/
9. Dawson, Chester, Ibid.
10. Hino, Satoshi, Inside the Mind of Toyota, New York, Productivity Press, 2006. Edição original japonesa: Toyota Keiei Shisutemu no Kenkyu, Tokyo, Japan: Diamond, Inc., 2002.
11. Becker, Ronald M., Ibid.
12. Dawson, Chester, Ibid.
13. The Toyota Production System, (Handbook) International Public Affairs Division and Operations Management Consulting Division, Toyota Motor Corporation, 1992.
14. Liker, Jeffrey K., The Toyota Way, New York: McGraw-Hill, 2004.
15. Shingo, Shigeo, A Study of the Toyota Production System, New York, Productivity Press, 1989.

Capítulo 2

Fundação ou base: princípios básicos e histórias

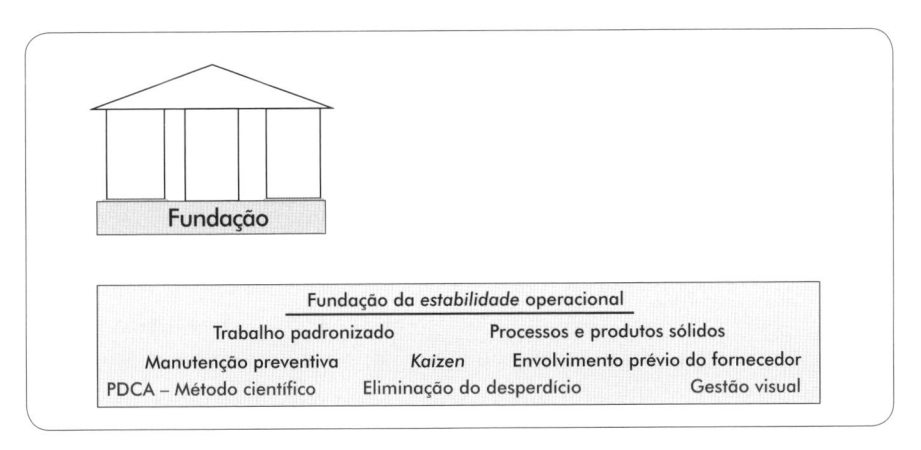

Fundação
Fundação da *estabilidade* operacional
Trabalho padronizado   Processos e produtos sólidos
Manutenção preventiva   *Kaizen*   Envolvimento prévio do fornecedor
PDCA – Método científico   Eliminação do desperdício   Gestão visual

Se você pretendesse construir uma casa ou uma estrutura para ser duradoura, iria antes de tudo garantir que suas bases, ou fundações, fossem sólidas, ajustadas e equilibradas. Ou não? Nas minhas consultas a literalmente centenas de organizações, uma linha comum de debate ganhou lugar de destaque. As empresas reduzem a importância de instituir e sustentar princípios "básicos". Quando seus projetos de transformação enfrentam algum abalo, elas logo supõem que os princípios Toyota não funcionam. Como Nohba-san certa vez me disse: "Não foram os princípios Toyota que falharam, foi você. Não ignore a base!".

Alguns dos princípios-chave na base são:

- Trabalho padronizado – Existe uma forma melhor de realizar o trabalho (documentada).
- Manutenção preventiva – Todos os equipamentos e recursos críticos (inclusive as pessoas) precisam estar funcionando e à sua disposição durante

a maior parte do tempo (por exemplo, 99%) antes de abordar princípios avançados, como o das células de fluxo unitário de peças.
- Processos e produtos e sólidos – Todos os processos são repetitivos e produzem peças de alta qualidade com consistência; todos os produtos são bem projetados e de fácil produção.
- Envolvimento (prévio) do fornecedor – Envolver os fornecedores de componentes críticos o mais cedo possível; usar seus *inputs* e ideias para diminuir os custos e o tempo de execução (*lead time*).
- Planejar-Fazer-Verificar-Agir (PDCA)/Método científico – A solução diária de problemas, com base em equipe, deve utilizar os passos do pensamento PDCA e do método científico; encontre-os – ajuste-os.
- Eliminação de desperdício – Cada integrante da equipe é instruído sobre o que constitui o desperdício e é dotado de autoridade para reduzir o desperdício de maneira criativa; também chamado de desenvolvimento de "olhos para o desperdício" em todos os pontos associados.
- Gestão visual – Torne cada lugar de trabalho visível, de forma que qualquer um possa andar por ali e entender a situação presente.

Da mesma forma que as fundações vêm em primeiro lugar em uma casa, esses princípios precisam se consolidar para pavimentar o caminho para as paredes e os pilares. Todos esses princípios são continuamente aperfeiçoados. Mas você precisa ter iniciado bem cada um deles antes de avançar para conceitos mais avançados. Existe uma sequência até a casa. Quando você inicia omitindo princípios em função das dificuldades por eles apresentadas, a sua casa será mais difícil de construir, além de ser instável.

❖ Trabalho padronizado

O primeiro e mais importante lugar desta fundação é o **trabalho padronizado**. Este princípio estabelece que existe UMA maneira melhor de realizar uma tarefa. É a melhor maneira que existe hoje documentada. Poderemos melhorá-la amanhã. É este inabalável compromisso com a melhor maneira, paralelamente ao incentivo às melhorias, que equilibra o sistema Toyota de Trabalho Padronizado. O novo método de outro trabalhador poderá ser "melhor" se ficar comprovado que é mais seguro, tem maior qualidade, mais rapidez e menor custo, nesta ordem.

São muitas as formas de documentar o melhor método para uma tarefa. O formato não tem tanta importância quanto o envolvimento do trabalhador no desenvolvimento do melhor método. Como você está se saindo com relação a este princípio? Ele é apenas o primeiro.

Você pode estar perguntando, à esta altura, "chegaremos *algum dia* a nos contentar com a contínua atualização de ferramentas como o trabalho padronizado?". É uma boa pergunta. Você jamais chegará lá. Mas assim mesmo você precisa de um bom começo em todos esses princípios na área que irá transformar em primeiro lugar. Nada no *lean* é subjetivo. E uma vez que tudo é claro e objetivo, permitam-nos definir "bom começo" como um nível de implementação em que você tem condições de dizer às pessoas em sua empresa: "Venham aqui ver, é disto que estou falando quando menciono um sistema de Trabalho Padronizado". Se os seus colegas conseguirem ver e entender as mudanças, você terá certamente um bom começo.

Leiam as histórias "Você Irá Fracassar" e "Princípios Atemporais e Imutáveis" para encontrar algumas visões bem-humoradas de como ludibriei todos os princípios básicos na Johnson Controls, Inc. (JCI).

❖ Manutenção preventiva

O princípio seguinte na base é o da **manutenção preventiva**. Este princípio requer habilidades básicas de paradas no seu equipamento e nos seus recursos-críticos por parte dos seus profissionais de manutenção e de pessoas que conheçam o equipamento em seus mínimos detalhes. Eles não podem falhar em momentos não planejados. Uma ferramenta relacionada é a Manutenção Produtiva Total (MPT). Falaremos mais sobre a MPT no pilar do *Just-in-Time* (JIT). Na MPT, os operadores do equipamento se voluntariam para realizar limpeza e manutenção básicas para cuidar de seu equipamento. Isso normalmente tem grande eficácia na redução de paralisações imprevistas, uma vez que os operadores estão com mais frequência nas proximidades do equipamento e já o conhecem em profundidade.

Um fator que não fica tão claramente transparente na Casa Toyota é até que ponto cada um desses princípios se aplica *acima* do chão de fábrica ou mesmo nos complexos processos de assistência à saúde. Às vezes o nome precisa ser um pouco alterado. Meu *sensei* na Triangle Kogyo, a quem irei chamar de Bo Shimono, uma vez me disse: "Se você pensa que os princípios se aplicam bem no chão de fábrica da produção, espere até poder vê-los em processos administrativos!". E ele tinha razão.

Por exemplo, em muitos processos não industriais, as "máquinas" fundamentais são pessoas. Uma vez que o princípio que dá sustentação à manutenção preventiva é contar com todas as suas máquinas prontas e preparadas para funcionar quando a célula estiver operando, é lógico supor que a manutenção preventiva para processos administrativos e de trabalhadores na área do conhecimento contem com pessoas multifuncionais, capazes, altamente motivadas, disponíveis e treinadas de forma multifuncional, sempre que se necessitar delas. Com que habilidade você administrou os períodos de férias no ano passado? O seu trabalho, quando você retornou, estava todo pronto para você? Provavelmente não. Ainda temos um longo caminho a percorrer antes de verificar a caixa-preta da manutenção preventiva e poder dá-la como completa.

❖ *Kaizen*

O próximo princípio na base é o *kaizen* – melhorias diárias, sempre incrementando. A tradução literal deste termo japonês fica mais perto de "pequenas mudanças para o bem". O Sistema Toyota de Produção (STP) é sustentado e aperfeiçoado por meio de iterações de trabalho padronizado seguidas pelo *kaizen*, seguidas novamente pelo trabalho padronizado, e repetidas. Cada funcionário é responsável por apresentar e aperfeiçoar ideias para melhorias dia após dia! É esta incansável perseguição do *kaizen*, da eliminação do desperdício, que impulsiona diariamente o STP.

❖ Processos e produtos sólidos

Processos e produtos sólidos são uma referência à consistência e à repetição dos resultados do processo. Qualidade, capacidade, confiabilidade e repetição do processo estão embutidas nesta simples frase. Como classificar o seu desempenho neste aspecto? O seu processo tem o mesmo resultado em equipes diferentes? Se você não leva em consideração este princípio, por favor, não misture máquinas em uma célula de fluxo unitário de peças! Isso só o ajudará a produzir desperdício com enorme velocidade.

❖ Envolvimento prévio do fornecedor

O **envolvimento prévio do fornecedor** é um imenso princípio no STP, mas não existe muita literatura disponível a respeito. Neste princípio, os fornecedores são tratados como parceiros e também treinados nos métodos STP. São tratados como se fossem membros da família, jamais como se não passassem de pegajosos empreiteiros. A Toyota também entende que todos os custos e desperdícios desnecessários são eventualmente produzidos por ela própria ou pelo cliente. Esta é uma razão fundamental pela qual a Toyota exige que seus parceiros, além disso, entendam e utilizem seus princípios nos seus processos de produção.

Nem todos os fornecedores são exclusivos, menos ainda envolvidos desde o início no processo de desenvolvimento de novos produtos. Mesmo assim, a Toyota e outros fabricantes concordam que estas duas condições são fundamentais para fornecedores de componentes estratégicos. Inúmeros *experts*, entre eles David Nelson, da Honda, sugerem *estratégias* diferentes para componentes diferentes com base em seus desafios (ou riscos) técnicos e respectivos custos.[1] Para linhas de montagem com grande quantidade de peças (como as de automóveis, ou mesmo refrigeradores), *experts* em cadeia de fornecimento recomendam uma estratégia de enquadrar os componentes em alto e baixo **conteúdo técnico** (ou às vezes riscos à sua empresa) ao longo de uma linha, e então em alto e baixo **riscos**. É possível usar uma estratégia de *baixo investimento* com alguns itens de menor tecnologia e menor custo. Mas um montador nunca deve arriscar sua reputação com esta estratégia para componentes de características de altas exigências técnicas e de engenharia. A Toyota e outros fabricantes certamente fariam sociedade com um fornecedor ou dividiriam suas linhas de produtos entre apenas dois fornecedores para esses componentes de quadrantes estratégicos.

A Toyota faz parcerias com um número maior de fornecedores de longo prazo do que as demais montadoras. Esses fornecedores disponibilizam muito mais seus talentos e suas ideias à Toyota, por uma série de motivos. Dois desses são a confiança e a disposição de compartilhar segredos tecnológicos com fabricantes de equipamentos originais (OEMs, a sigla em inglês de *Original Equipment Manufacturers*).

John Henke, professor e presidente da Planning Perspectives, apresenta um bom exemplo deste princípio em seu anual OEM-Supplier Working Relations Index.[2] A Toyota e a Honda estão aumentando a distância entre elas e seus concorrentes nos Estados Unidos. Aqui está uma prova. Participei, certa vez, de uma equipe de fornecedores que se transferiu de um projeto OEM de uma das Três Grandes (da indústria automobilística dos Estados Unidos) para um projeto da Toyota praticamente da noite para o dia, porque a empresa americana na verdade mostrou nossos projetos e inovações aos concorrentes, os quais se apossaram deles e passaram a oferecê-los a preços menores que os nossos. Não recuperamos parte alguma dos custos do projeto. Esse fornecedor inteligente transferiu seus principais talentos e engenheiros para programas da Toyota e da Honda. Pelo menos eles não entregaram nossas inovações aos concorrentes! Indicamos os estagiários e os trabalhadores menos dotados aos programas das Três Grandes. Bastaram alguns desses exercícios de aprendizagem para a adoção de uma decisão estratégica – nada de inovações ou de brilhantes engenheiros para os programas das Três Grandes.

Eu acrescentei três ferramentas aos fundamentos usuais da Toyota: PDCA-Método Científico, Eliminação do Desperdício e Gestão Visual. Embora nenhum deles seja elevado ao *status* de princípio na Casa Toyota original, entendo que eles se enquadram na definição. O dicionário Webster define um princípio como "uma lei, doutrina ou suposição abrangente e fundamental; uma regra ou código de conduta; ou uma devoção habitual a princípios certos (por exemplo, um homem de princípios)".[3]

Encontra-se sólido na base o solucionador de problemas de causa-raiz PDCA. Problemas não existem para serem ignorados ou encobertos. Eles precisam ser resolvidos – hoje! Podemos diminuir a dor de um corte profundo na pele com uma atadura, mas só uma sutura bem feita permitirá a cura adequada do problema. O estilo Toyota de melhoria usa os passos do **PDCA**, testados e comprovados, e o **método científico.** Uma hipótese é estabelecida (por exemplo, se tornarmos nossa área de trabalho altamente visível, precisaremos de menos tempo para selecionar e adequar as peças e com isso causaremos poucos erros). Se você puder testar a hipótese a um custo baixo, ou custo zero, o trabalho será tratado como uma experiência. A experiência rápida irá comprovar ou refutar nossa hipótese. É por isso que as métricas adequadas ao nível de processo são tão importantes. Estamos tentando trabalhar com apenas algumas, mas fundamentais, métricas. A propósito, discutiremos métricas com mais detalhes quando estudarmos o "teto".

Cada trabalhador precisa ser treinado para ter "**olhos para o desperdício**". Os empregos deles não estão em jogo. O inimigo real é o desperdício. Uma tarefa do trabalho é considerada desperdício ou sem valor agregado quando exige tempo e consome recursos, mas não agrega qualquer valor aos olhos do cliente. Se você tiver 500 funcionários na sua fábrica, você precisará desenvolver 500 mísseis caçadores de desperdício. Quando eles localizarem alguma forma de desperdício, irão "detonar" com uma sugestão para reduzir este supérfluo.

Taiichi Ohno categorizava o desperdício em sete tipos. Praticamente qualquer desperdício pode ser enquadrado nos mesmos. Se agregarmos outro desperdício, "não utilizar o talento e as ideias de nossos colaboradores", poderemos pronunciar uma sigla fácil de lembrar (em inglês) – DOWNTIME (ou tempo ocioso). Tempo ocioso é ruim. Desperdício é ruim.

Os tipos de desperdício, com resumidas descrições, são mostrados a seguir:

1. *Defective and rework* (defeituosos e retrabalho) – Produtos com defeito dificultam o fluxo e levam a onerosos cuidados, tempo e retrabalho.
2. *Overproduction* (superprodução) – Produzir *mais* material que o necessário *antes* de se tornar necessário é o desperdício fundamental na produção *lean*; o material para de fluir.
   a. Problema: A linha com superprodução está fazendo algo que não é necessário hoje *em vez de* algo que é realmente necessário.
   b. Problema: A linha com superprodução está fazendo mais produtos que não serão entregues hoje *em vez de* ajudar a resolver os eventuais gargalos hoje observados.
   c. Problema: O excesso de estoque encobre a existência de outros problemas e desperdícios.
3. *Waiting* (espera) – O material à espera não está fluindo através das operações de valor agregado; pessoas, operações e material podem estar esperando.
4. *Not utilizing* (não utilização) do talento e das ideias de nossos funcionários (novo).
5. *Transportation* (transporte) – O deslocamento de bens e produtos não aumenta o valor do produto para o cliente.
6. *Inventory* (estoques) – O material fica parado, ocupando espaço, custando dinheiro e potencialmente se deteriorando; os problemas não são visíveis.
7. *Movement* (movimentação) – Deslocamento e movimentação dos trabalhadores não agregam valor ao produto.
8. *Extra Processing* (processamento adicional) – Processamento extra que não seja essencial à agregação de valor pelos olhos do cliente é desperdício.

Uma forma muito fácil de descobrir o desperdício em suas operações é fazer uma "Caminhada do Desperdício". O exercício tomará apenas 20 ou 30 minutos do seu dia. Entregue aos seus trabalhadores uma cópia dos desperdícios constantes na lista anterior. Pergunte a eles, "vocês acham que podem descobrir alguma forma de desperdício em nossa instalação?". Eles certamente responderão que sim. Diga-lhes, então: "Vocês têm 20 minutos para descobrir um exemplo específico de cada tipo de desperdício. Depois disso, escrevam perto de cada um desses exemplos uma sugestão para reduzir o novo desperdício." Você certamente ficará espantado com quantas boas ideias essa caminhada do desperdício poderá gerar. Faça, porém, com que os trabalhadores coloquem seus nomes nos formulários. Se a implementação da sugestão aproveitável não exigir custos, e se não for sacrificar ou danificar a segurança ou a qualidade, faça um círculo em torno dela e a devolva ao autor, para que, com os colegas, possa rapidamente colocá-la em prática.

Desenvolver a Visão para o Desperdício é uma das partes fundamentais da sua jornada do STP. A fim de concluir esta breve seção sobre desperdício, deixarei que as palavras de Taiichi Ohno traduzam sua importância:

> Nosso sistema está tão distante daquelas ideias formais (o senso comum) que, se você colocá-lo em prática pela metade, a única coisa que conseguirá será um agravamento da situação. Se estiver realmente pretendendo implementar o STP, precisará fazê-lo de verdade. Terá também de mudar sua maneira de pensar. E precisará sobretudo mudar a sua forma de olhar para as coisas.
>
> Da mesma forma que os mágicos têm seus truques, a técnica do *gemba* tem os dela. O truque do mágico, neste caso, é "a incansável eliminação do desperdício". A fim de eliminar o desperdício, você precisa desenvolver uma visão para o supérfluo e pensar sobre como poderá eliminar esses desperdícios que passará a enxergar. E precisamos dar continuidade a este processo. Para sempre, jamais nos cansando ou nos arrependendo.[4]

Na **gestão visual**, buscamos tornar um lugar de trabalho tão visível que qualquer pessoa consiga entrar nesse local e entender a situação presente. Por exemplo, um gerente de controle de estoques poderia continuar contando e lembrar os trabalhadores da necessidade de parar de produzir quando o estoque de bens acabados atingir um determinado nível. Ou os líderes poderiam pintar limites em torno de uma pequena área próxima ao final da linha de montagem, em cuja parede colocariam uma linha proclamando "estocar somente até aqui!". A gestão visual supera o relembrar incessante todo dia. Mesmo assim, os líderes ainda precisam percorrer o chão de fábrica e conferir se aqueles controles visuais estão sendo usados diariamente com disciplina. Leia a história "Permaneça no Círculo" para mais informações sobre gestão visual.

❖ Minhas histórias mais interessantes sobre "Fundação"

As histórias a seguir proporcionarão *insight* adicional sobre as ferramentas da **Fundação**. O humor é uma forma especial de aprender alguma coisa. Por favor, leia estas histórias e reflita a respeito das perguntas que acompanham cada uma delas.

Fundação

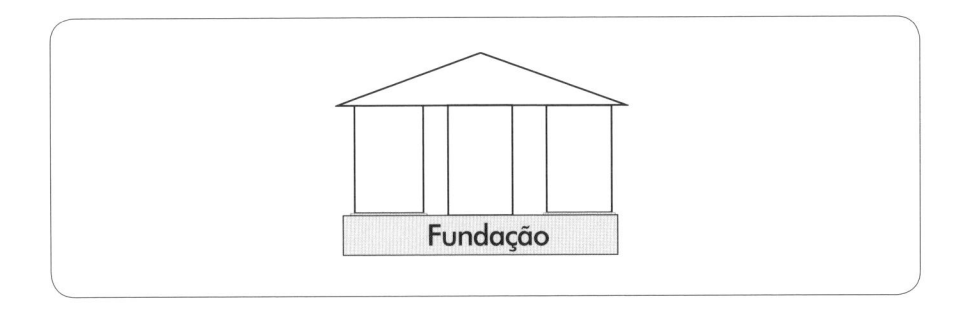

(Universidade) Estudo de tempo e objetos pontiagudos (1)

"Nós ganharemos e vocês perderão. Você não pode fazer nada porque sua falha reside em uma doença interior. Suas empresas estão baseadas nos princípios de Taylor. Pior ainda, suas mentes são também taylorizadas. Vocês acreditam firmemente que gestão eficaz significa os executivos de um lado e os trabalhadores do outro, em um lado os homens que pensam e no outro os homens que apenas trabalham."

Konusuke Matshushita

Como parte de meus estudos de Engenharia Industrial, aprendemos a fazer estudos formais de tempo. Em aula, assistimos a vídeos cansativos, aplicamos a técnica e demos graças a Deus por poder voltar o vídeo quando perdíamos várias das tarefas mais importantes. Ao final, fazíamos de tudo uma confusão tão grande que conseguimos enganar o professor. Mas poderíamos fazer estudos de tempo em operações *ao vivo*?

Nosso professor de Avaliação do Trabalho trabalhava em tempo integral em um hospital do centro da cidade. Estava sempre envolvido em todos os tipos de projetos especiais e resolveu mostrar-nos de que forma engenheiros industriais poderiam aplicar nossas ferramentas em um ambiente de assistência à saúde. O professor disse também que faríamos estudos práticos de aplicação do tempo em enfermeiras. Muito bom.

Concentramo-nos na entrada e caminhamos até um dos andares superiores. Recebemos ali nossos cronômetros e algumas breves instruções. Cada um de nós deveria cuidar de uma enfermeira próxima, e a ordem que cada um recebeu foi, mais ou menos, "vai lá e toma conta". Observei durante algum tempo, à distância, uma enfermeira muito desconfiada e então anotei o que eu entendia serem seus processos de trabalho. Puxei o cronômetro e comecei a clicar no botão de intervalo à medida que anotava os dados, agitado. A enfermeira me olhou carrancuda. Eu não era muito bom nisso. A enfermeira afastou-se rapidamente. Eu saí atrás dela. Quando achei que estava chegando perto do final do estudo, notei que ela tinha alguns objetos pontiagudos na mão. E estava sorrindo. Eu fugi. Ela correu atrás de mim.

O professor levou vários dos meus colegas para trabalhar no hospital como Gerentes de Engenharia. O hospital pagava aos alunos estagiários cerca de 20% menos que o mercado, por isso desisti e fui trabalhar em uma grande montadora de automóveis, a Admiral Engines, para "transformar o mundo". As enfermeiras me assustavam.

- Por que, na sua opinião, a enfermeira estava "desconfiada"?
- O que eu poderia ter feito de maneira diferente?
- Se eu informasse que cerca de 5% das enfermeiras que passaram pela nossa "avaliação de tempo" neste hospital perderam o emprego depois de cada estudo, isso o faria mudar de ideia?
- Se tivéssemos usado nossos cronômetros apenas enquanto a enfermeira estivesse esperando ou procurando alguma coisa, com o objetivo de reduzir o tempo ocioso (não agregador de valor), os resultados teriam sido diferentes?
- Quem estava usando as ferramentas das melhorias (cronômetros)?

(Admiral Engines) Lei de Murphy (2)
"Coloque uma pessoa capaz em um sistema deficiente, e o sistema deficiente, sem dúvida, será sempre o vitorioso."

W. Edwards Deming

Meu primeiro emprego de verdade como um promissor jovem engenheiro industrial foi na Admiral Engines (AE). Todos os engenheiros industriais precisavam fazer um estágio como supervisor de produção. Eu disse, cheio de confiança, "quero ser supervisor na pior fábrica que vocês tiverem". Assim, fui parar em Detroit, apresentando-me para assumir o cargo em uma instalação de montagem de transmissões. O departamento de Recursos Humanos (RH) tomou a maior parte do meu primeiro dia com monótonas apresentações, interrompidas apenas por outros tantos períodos de espera. Mais para o final da tarde, fui encaminhado, ao longo da sombria instalação, para o meu novo departamento, a Linha Final de Montagem. Ali logo encontramos com Sandy, a supervisora que iria me treinar. Ela estava em adiantada gravidez, mas era muito rápida. Parou apenas por alguns segundos e disse: "Estou sem tempo hoje para treinar outro engenheirozinho metido a sabichão!". Disse-me então para encontrá-la às 6 horas da manhã seguinte. Gostei dela.

Bem, foi mais uma vitória de Murphy e suas famosas leis. Sandy teve seu bebê, seis semanas prematuro, naquela mesma noite. Na manhã seguinte, ninguém estava me esperando. Além disso, eu não sabia o nome de absolutamente mais ninguém na AE, exceto os de Sandy e do cara do RH, que só iria chegar três horas mais tarde. Descobri ali mesmo toda a dificuldade de gerenciar a produção, quando, durante anos, tudo o que se diz aos trabalhadores é "façam aquilo que devem fazer!". Não sabia sequer onde ficavam os banheiros. Às 6h01, minha linha de montagem começou a andar. Às 6h02, minha linha de montagem parou.

O que você faria em situação semelhante? Ninguém havia me ensinado coisa alguma, na faculdade, sobre como gerenciar pessoas ou linhas de montagem. Lembrei então de uma coisa que meu pai havia me ensinado: "Quando tiver dúvidas, pergunte". Assim, apresentei-me como o novo supervisor e perguntei a uma mulher de aparência cordial que estava no primeiro posto de trabalho. Ela sorriu e disse: "Você não pode comandar a linha sem trabalhadores". Isso fazia sentido. (Observe) Apenas cerca de metade dos trabalhadores estava nos postos designados.

Eu insisti: "E o que faço agora?",
Ela disse: "Vá procurar um dos seus trabalhadores substitutos".
Bem, já era um progresso. Perguntei: "E quem seriam eles?".
Ela apontou para um cavalheiro numa parede de tijolos que parecia estar pintando um lindo mural – na verdade, um grafite (estilo Detroit).

Fui até ele, com todos os olhares me seguindo. Bati no ombro do homem e comecei a pedir que me ajudasse a substituir um dos nossos trabalhadores ainda ausentes. Ele se voltou para mim, brandindo um punhal, e ameaçou: "Não se *atreva* a tocar em mim!". Confuso, saí do caminho. O meu suposto trabalhador substituto guardou o punhal no bolso e continuou a pintar. Com o rosto em fogo, voltei ao lugar do supervisor. Depois que vários homens enormes atravessaram a fábrica gritando e contando piadas, a linha voltou à vida às 6h28 daquela manhã. Durante um breve intervalo para o almoço, sentei-me com outro jovem engenheiro, que estava supervisionando outra linha de montagem há algumas semanas. Contei-lhe todos os detalhes da minha assustadora experiência.

Ele disse: "Isso não foi nada. No meu primeiro dia, alguém disparou um tiro na minha direção, no estacionamento!".
Incrédulo, perguntei-lhe: "E o que você fez?".
Ele respondeu: "Eu me joguei no chão!".

E assim continuou minha primeira semana como *o chefe* na AE. Com isso fiquei logo sabendo que, ali, "os presidiários comandam a penitenciária". Mas, depois de nove meses agonizantes, enfim compreendi o que é preciso para ser um bom supervisor. No mesmo dia em que cheguei a essa conclusão, a AE promoveu-me para o Departamento de Engenharia Industrial! Mas essa já é outra história.

Observação: Depois de relatar aquele incidente aos meus superiores, eles promoveram uma reunião de bastidores em que, pasmem, eu fui instado a pedir desculpas ao trabalhador por bater no seu ombro. E ele jurou que jamais andara dentro da fábrica com um punhal no bolso esquerdo dianteiro. Podem crer...

- Como foi o seu primeiro dia?
- O que um bom supervisor deve fazer?
- Setores de apoio, como RH, Tecnologia da Informação, Treinamento e Qualidade, deveriam cumprir os mesmos turnos de trabalho que a produção? Por quê? Ou por que não?
- Existe algum estilo de gerenciamento a meio caminho entre a ditadura e "os presidiários comandam a penitenciária"?

André, o gigante, e parando a linha (3)

"Descubra o problema. Conserte o que está errado."

Taiichi Ohno

Cada equipe tem seu integrante mais trabalhador, que tudo centraliza. Os Lakers da época gloriosa tinham Magic; os Red Wings, de Detroit, meu amado time, contavam com Stevie Yzerman; e os Broncos tinham Elway. Na fábrica de transmissões da AE, a linha final de montagem tinha André. Eu chefiava, ou, mais exatamente, observava a linha final de montagem. André usava a 12-Gun.

A operação 12-Gun exigia força e agilidade. Meu amigo André tinha esses dois atributos de sobra. A coisa funcionava mais ou menos como vou contar. Depois de completar o centro da montagem, a imensa tampa da transmissão era colocada no depósito. André, com habilidade, pegava (exatos) 12 parafusos enormes de uma lata e os inseria nos buracos da tampa. André movia e manobrava aquela monstruosidade suspensa com 12 imensos parafusos girando nas cabeças de todos os 12 parafusos e dali nas cabeças de todos os outros. A máquina fazia então o giro perfeito de todos os 12 parafusos – pelo menos em teoria. André era tão bom e tão rápido na 12-Gun que conseguiu completar seu mestrado em História fazendo a maior parte das leituras indispensáveis entre o tempo em que encerrava seu ciclo e o da chegada da transmissão seguinte. Eu não me importava. Ele era muito bom. Eu começava e terminava cada plantão mais prolongado com a minha já conhecida saudação ao "André!!!".

Tempo ocioso – a maldição de toda a produção! Em qualquer momento durante meu período como supervisor, apenas três ou quatro dos 12 fusos com cabeça de parafuso chegaram a funcionar! Para substituir os outros oito ou nove parafusos que não funcionavam, eu teria de mandar um substituto ao fim da linha de montagem todo dia, o dia inteiro, para girar os outros eixos manualmente. E certamente isso não seria boa coisa.

Um dia, irritado demais, bati no botão de interrupção da 12-Gun e mandei todos os trabalhadores da linha de montagem para o almoço 40 minutos antes do horário normal, sem que precisassem voltar antes do horário costumeiro. Foi a primeira ordem que não precisei repetir. Eles já haviam escapado dali quando comecei a ouvir a fúria do meu chefe, que veio na minha direção. Mas eu não tirei a mão do botão de parada até ele chamar a manutenção para consertar a 12-Gun.

E funcionou! Durante exatamente quatro abençoados dias, todos os 12 fusos funcionaram. Depois de retornarem do prolongado almoço, meus subordinados passaram a me olhar com respeito, e até mesmo pelo André passei a ser respeitado. Ele me disse: "Você garante a minha retaguarda que eu garanto a sua, chefe!".

Pela primeira vez na vida, alguém me chamou, naquela ocasião, de chefe. Tenho de admitir que interrompi a linha de montagem muito mais por frustração do que por qualquer inspiração de sabedoria. E a verdade é que estava ansioso para que me demitissem. Mas a AE tinha tantas outras maçãs podres à minha frente naquela categoria, que, em vez de me demitir, eles me promoveram.

- O que leva mais tempo: fazer a equipe parar e eliminar a causa-raiz de um problema hoje, ou adotar medidas paliativas para aliviar esse mesmo problema todos os dias, ao longo dos anos?
- Mandar os trabalhadores para o almoço mais cedo foi a coisa certa a fazer?
- Se você fosse o supervisor, o que faria? E se fosse o gerente de operações ou da fábrica? Por que a sua resposta seria diferente para esses dois níveis de liderança?
- O que um supervisor ou líder treinado no método Toyota teria feito?

Estudo de tempo – Parte 1 (4)

"Onde não existem padrões é impossível fazer *kaizen*."

Taiichi Ohno

Depois de vários meses como supervisor na AE, cheguei à conclusão sobre qual seria meu trabalho ali. Eu achei que fosse o chefe. A administração me disse que eu era o chefe e que precisaria "estar sempre de olho nos funcionários". Mas, se eu produzisse peças, mantivesse as máquinas em funcionamento, superasse as interferências (daqueles pretensiosos gerentes e daqueles prepotentes engenheiros), trabalhando basicamente pelos funcionários, a linha de montagem funcionava quase bem. No dia em que percebi tudo isso, a AE promoveu-me ao Departamento de Engenharia Industrial. Acho que foi também porque não queriam saber de ideias contaminantes sobre supervisores-como-servidores espalhando-se pelas operações. Assim, saí dos cheiros e sons da montagem para o acanhado DEI no fundo da fábrica.

Na condição de engenheiro industrial graduado, encarei a situação com grande entusiasmo. Por fim poderia fazer uso de toda aquela sabedoria da qual meus professores passavam o tempo todo falando na faculdade. O sujeito do RH foi quem me apresentou à equipe.

Um deles perguntou: "O que deveríamos mandar o novato fazer hoje?".

Os outros, com os pés em cima das mesas, decidiram: "Ele que faça um estudo de tempo".

Santo cachorro quente! Eu havia sido o melhor marcador de tempo nas aulas de engenharia industrial, sempre que treinávamos com operações em gravadas em vídeo.

Por isso, logo disse: "Estou nessa!".

Desconfiado, perguntei: "Há enfermeiras por aqui?"

É lógico que ninguém entendeu nada.

O chefe da Engenharia Industrial abriu uma gaveta, soprou a poeira acumulada sobre uma prancheta de respeitáveis dimensões e me estendeu o instrumento. Eu parecia em estado de graça. Acariciei a prancheta e ela se aninhou sem qualquer problema sob a curva do meu braço. A prancheta parecia uma paleta de pintura de Picasso. Era curva e rodeava meu cotovelo. Os dedos da mão esquerda passaram por outro corte no topo da prancheta para melhor manejá-la. Meus dedos tocaram o botão superior de um brilhante cronômetro prateado amarrado à prancheta. No canto superior direito havia inclusive uma calculadora! Não havia o que essa prancheta e eu não pudéssemos fazer!

O chefe da EI me estendeu um formulário de Estudo de Tempo todo preenchido com as tarefas dos anteriores estudos de cálculo de tempo e até mesmo alguns padrões de prazos.

Eu perguntei: "Aonde eu vou com isso?".
O chefe da EI respondeu: "Ao final dos quatro passos".
Com o entusiasmo crescendo, respondi: "É a minha antiga linha de produção!".
E perguntei: "E qual dos postos vai tirar proveito da minha habilidade na EI?".
Eles todos deram risada e gritaram: "A 12-Gun!".
Eu respondi: "André! Foi sempre meu melhor trabalhador!".
Ignorei as risadas dos veteranos nas minhas costas, preocupando-me apenas com a minha prancheta estilo Picasso e literalmente flutuei de volta ao meu local de trabalho anterior. Esperem só até eles verem quem está chegando!

André me localizou com o canto do olho e logo disse: "Fala chefe, o que você quer aqui?".
"Sou agora da EI. Vou fazer um **estudo de tempo**!"
Notei um leve tremor em seu olho enquanto ele observava minha linda prancheta de estudo de tempo. E perguntou: "Vai controlar quem?".
Respondi: "Você, amigão!".
André riu com muita vontade, quase uma gargalhada. Não era, com certeza, a reação que eu esperava.
Respeito – agora sou da gerência! Olhe a minha prancheta de controle de tempo e comece a tremer.
Meu amigo riu ainda mais e avisou: "Você não vai gostar nada disto!".
Perguntei: "O que é que vamos fazer?". (Lembrem, quem não sabe...)
André disse: "Precisamos esperar que os outros cheguem".

Conversamos bastante durante cerca de meia hora. Ele seguiu trabalhando habilmente enquanto conversávamos e esperávamos. Entre os ciclos, contou, estava relendo *Guerra e Paz*.

O primeiro a chegar no prazo estipulado foi o representante do sindicato. Eu o conhecia – todos o conheciam. Ele fazia cumprir muito bem um lado do contrato de trabalho, e com isso conseguia manter os empregos de gente como aquele sujeito do punhal no bolso dianteiro. Meu antigo chefe, o gerente de área, chegou em seguida. Esperamos pela última pessoa – o especialista em estudo de tempo do sindicato internacional. Ele caminhava ostentando um relógio de ouro – um relógio de ouro! E logo fiquei com inveja daquele relógio de ouro. Mas eu tinha *A Prancheta!* O antigo chefe perguntou se eu estava pronto, e alguém falou, quase gritando: "Vamos começar esse estudo de tempo!".

André... começou... quase... parando. Ele diminuiu seu ritmo até ficar parecido com o de uma lesma.

Os representantes do sindicato e meu chefe voltaram as costas para a cena.

O especialista do sindicato internacional sequer acionou seu relógio de ouro.

Deixei cair minha linda prancheta! Gritei: "Espera aí! Ele não está trabalhando!".

Meu antigo chefe gritou de volta: "Faça apenas o que você tem de fazer, Steve!"

André apanhou um parafuso – apenas um miserável parafuso, e se voltou devagar para a transmissão. Foi só então que notei que aquele estúpido padrão de engenharia na verdade mandava pegar um parafuso de cada vez. Cacilda! Nosso funcionário tinha aprendido um método melhor, mas ele nunca chegou a ser documentado e compartilhado. Que emprego era aquele! Três transmissões passaram sem capas e por isso mesmo foram devolvidas no posto de trabalho seguinte, onde várias peças internas caíram ao chão.

Os trabalhadores da linha gritaram.
Histeria em massa.
Não ria – você pode ter sido o comprador do automóvel equipado com aquela transmissão!

Tentei focar no estudo de tempo e na dança em câmara lenta de André. Eu deveria documentar 10 tempos de ciclo para os 12 processos detalhados de tarefas que André estava fazendo. Tudo fácil, verdade? O que deveria ter me custado uns 20 minutos, no máximo, expandiu-se por mais de duas horas de escaramuças. André estava gostando demais de todo aquele jogo. Depois de cinco observações inteiras de tempos de ciclo, desisti do cronômetro. Voltei as costas para calcular os tempos médios de cada tarefa e preencher o restante do formulário. Alguém anunciou: "Estudo de tempo encerrado!". André voltou ao seu método firme, muito rápido. O caos e a gritaria até então reinantes cessaram.

Estava ali, no fim do Formulário. Minha última tarefa seria estimar o *ritmo* de André. O ritmo é uma estimativa da percentagem da velocidade máxima que os especialistas em estudo de tempo entendiam que o trabalhador estava desenvolvendo durante o teste.

O Senhor Relógio de Ouro perguntou: "Steeevve, qual foi o ritmo dele?".

Respondi: "Ritmo? Eu não teria precisado de um cronômetro para esse cálculo. Melhor seria ter usado um calendário!".

Ele reagiu: "Fale sério, Steve. Estudo de tempo é uma coisa séria. E então, qual foi o rimo dele?".

"Posso usar um número negativo?"

"Fale sério, Steve!"

"Observei André durante nove meses", eu explodi. "Ele foi meu melhor trabalhador. Hoje ele chegou a apenas 20% do ritmo normal dele!"

Os outros funcionários da gerência concordaram.

Mas os dois líderes sindicais e o próprio André disseram logo, a uma só voz: "Nada disso, hoje foi 100%!".

Assim, chegamos a um *acordo* para anotar no formulário, sem mais discussão, um ritmo médio de 75%. *Nota:* O 12-Gun foi na verdade constatado como o gargalo, quando feito a um parafuso cada vez. Porque eu tive a ousadia de fazer um estudo de tempo do 12-Gun naquele dia, a AE foi obrigada a reduzir o ritmo da linha de montagem! Eu jurei **nunca mais** fazer um estudo de tempo outra vez! Aquele juramento iria ser desafiado, mais tarde, pelo meu primeiro *sensei* de verdade, Bo Shimono. Mas esta já é outra história.

- Quem tinha as ferramentas de melhoria na AE?
- Qual, na sua opinião, seria o propósito da gerência com o estudo de tempo?
- Qual seria o objetivo do sindicato durante o estudo de tempo?
- Por que André foi autorizado a fazer o que fez?
- O que você teria feito?
- Os seus funcionários às vezes descobrem meios melhores de fazer as coisas? Você conta com um sistema para, com respeito, aprender, documentar e difundir esses métodos aperfeiçoados?

(AE Technical Center) A grande mentira (6)

"(...) a automação aplicada a uma operação ineficiente irá ampliar a ineficiência."
Bill Gates

"O trabalho se expande até preencher o tempo disponível para que fique pronto."
C. Northcote Parkinson, 1958

"Tudo se expande para preencher todos os tempos e espaços disponíveis, etc. (Olhe só para a sua garagem...) Portanto, não permita que isso aconteça."
Steve

Depois de ter trabalhado nos departamentos de EI e Engenharia de Confiabilidade na fábrica de transmissões, fui promovido diretamente para o Centro Técnico da AE. Eles não sabiam o que fazer comigo, por isso me colocaram na equipe da Fábrica do Futuro (FF). Fui treinado por Eli Goldratt, autor do livro pioneiro *A meta*, sobre o seu software OPT-Optimized Production Technology (Tecnologia de Produção Otimizada). Eles me chamavam de *Jonah*, uma espécie de *expert* na teoria das destrições. Eu também estava, a essa altura, aprendendo bastante a respeito de computadores – por exemplo, como forçar uma "mensagem" para outro usuário ou outro computador IBM usando a barra de *status* – uma versão clássica *nerd* da mensagem instantânea. Com outros 19, ou pouco mais, futuristas, me envolvi com **A Mentira**. **A Mentira** era que nós poderíamos atingir grande fluxo e desempenho *SE* conseguíssemos criar e executar programações *perfeitas*. Pensávamos que seria possível convencer aqueles funcionários mais "lentos" a trabalhar com afinco, desde que conseguíssemos entregar-lhes programações perfeitas.

Em função da minha experiência gerenciando uma linha de montagem de transmissões, eles me atribuíram um papel fundamental na programação de linhas de máquinas (lojas dos fundos) para uma fábrica das proximidades. Minha função seria descobrir o que estava dando errado na fábrica e transferir essas mudanças para os outros analistas OPT, que poderiam então reprogramar as operações. A partir daí, eu entregaria as novas programações aos supervisores. Às 6 horas da manhã a programação estava perfeita. E aí as pessoas começavam a chegar! Algumas partes que considerávamos perfeitas eram, na verdade, as piores; algumas máquinas não aguentaram o ritmo; algumas peças se perderam (ou foram escondidas pelos trabalhadores do outro turno, para que somente eles pudessem usá-las quando retornassem ao trabalho); algumas pessoas simplesmente não compareceram; houve até gente chegando embriagada. Era realmente uma típica manhã de trabalho em uma fábrica da AE!

Pequeno problema. Eu não tive condições de anotar todas as encrencas, correr até os computadores, remontar as programações, imprimir os horários e então correr até os supervisores do trabalho com a rapidez suficiente para mantê-los atualizados com as mudanças que ocorriam minuto a minuto. Tentamos todos os tipos de truques indicados pelos especialistas em Produção Integrada por Computador. Mas ainda assim não poderíamos detectar os problemas e inserir as mudanças no computador a tempo. Compramos uma empresa de supercomputadores, uma empresa de resfriamento de equipamentos (para dar um pouco de ar aos nossos superaquecidos computadores), uma empresa de *software* de inteligência artificial e até alguns PhDs cabeções. Não havia dinheiro no mundo capaz de nos fazer ultrapassar o problema da reprogramação. Estávamos todos simplesmente desnorteados.

A AE estabeleceu uma *joint-venture* com a Toyota naquilo que chamarei de Great United Motor Builders, Inc. (GUMBI). Os resultados da experiência GUMBI (ver os princípios do pilar das Pessoas e histórias) foram revelados mais tarde naquele ano, analisados à distância e desprezados como puro engodo pela maioria dos líderes da AE. Mas a equipe de programação da FF apresentava uma hipótese diferente. Estávamos certos de que a Toyota tinha ali encontrado a chave da reprogramação! Imploramos ao nosso chefe que enviasse todos os 20 integrantes do nosso grupo à Califórnia para observar como os gerentes Toyota na nossa fábrica da *joint-venture* GUMBI faziam a programação. Os tempos de meados da década de 1980 eram, porém, de austeridade. Nossos pedidos foram repetidamente rejeitados.

Continuamos com aquela ideia fixa. Quer dizer, até que a própria Toyota nos fez um imenso favor. Eles construíram uma fábrica em Georgetown, Kentucky. Trabalhávamos apenas quatro horas ao norte daquele lugar! Com isso, alugamos um daqueles micro-ônibus especiais para os 20 do grupo, cantamos nossas canções de *nerds* todo o caminho até o Kentucky e antecipamos a glória de quebrar o "código" dos místicos truques de programação da Toyota.

O ônibus parou. Entramos quase correndo na nova fábrica. Todos os meus 19 colegas foram diretamente à sala dos computadores – aquela era a missão deles. Eu fui direto para o âmago da fábrica, pronto para descobrir como eles programavam e reprogramavam. Com meu acompanhante mal conseguindo seguir meu ritmo, interpelei o primeiro trabalhador que vi perto de uma máquina e perguntei do nada: "Onde está a sua programação?". Ele, com cara de espanto, nada disse.

Pensei com os meus botões (aos meus amigos sulistas, por favor me perdoem por isso; eu sou nortista): "Talvez eu esteja falando ligeiro demais".

Assim, puxei pelo melhor sotaque sulista que consegui fazer e disse, muito devagar: "Aooondistá a suuuua programação?".

Ele sorriu e respondeu: "Nããããoooo sei di naaaddda!", embora ao mesmo tempo desenhasse com os dedos, no ar, o formato de uma programação de papel.

Hum. Eles não me ensinaram na faculdade de engenharia a comunicar, trabalhar em grupos, fazer solução de problemas de causa-raiz ou qualquer coisa de mais útil, por falar nisso. Mas eu era jovem e estava desesperado para mostrar à equipe que conseguiria descobrir como a Toyota programava sua produção.

Expliquei ao cavalheiro junto à máquina que meu ônibus partiria às 15 horas e que eu precisava aprender o sistema Toyota de programação.

Perguntei a ele lentamente: "Vocês vão fazer algumas peças hoje?".

Ele disse: "Claro que sim".

Eu respondi: "Ótimo! Qual será a próxima?".

Ele disse: "Não tenho a menor ideia".

Droga.

Àquela altura, cheguei a outra rápida conclusão (favor perdoar, uma vez mais, minha jovem ignorância). Este sujeito não era apenas meio idiota – ele não tinha a menor ideia do que fosse uma programação. Era também um preguiçoso – não fazia sequer um esforço para *fingir* que estivesse ocupado. Ele simplesmente ficava por ali, paradão...

Tentei então uma abordagem diferente: "Vocês vão fazer *alguma* coisa hoje?".

E ele: "Sim!".

E eu: "Muito bem, em que peças você irá trabalhar?".

E ele, de novo: "Não tenho a menor ideia".

Enquanto ele sorria (e eu me irritava cada vez mais), ouvi algo rolando por um cano de PVC voltado para o corredor. Rola, rola, rola, pum! Ele apontou para uma bola de golfe pintada de verde e falou: "Agora eu vou fazer as verdes". Ali estava eu, um EI/OR, membro da equipe Fábrica do Futuro, analista de OPT, *trainee* Jonas, *expert* em teoria das restrições. Tudo isso passava pela minha mente como "ele vai fazer as veeerrdes?". Ele estava claramente se divertindo com o espanto pintado no meu rosto. Veja, leitor, este cavalheiro era na verdade um líder do Círculo de Qualidade e ex-professor com mestrado. A maioria de vocês já deve ter se dado conta, a essa altura, de que ele estava apenas me provocando. Ele precisou de meros cinco minutos para acabar com cinco anos de doutrinação que eu recebera na AE e dos meus professores de engenharia.

Ele disse: "Nós temos uma programação – a programação do embarque. Todas as outras operações esperam pelo seu sinal de puxar a produção".
"O que é esse tal de puxar a produção?", perguntei.
Ele esclareceu: "Nossa linha de montagem manda carros para fora conforme a programação de embarque. Operações de submontagem, como a minha, são ligadas à linha principal por um montante pequeno de estoque. Puxar a produção é simplesmente um sinal nos determinando o *reabastecimento* daquilo que acaba de ser usado".

Reabastecer aquilo que acaba de ser usado...
A luz na minha mente se apagou.
Perguntei: "Então, se a máquina a sua frente ficar parada...".
Ele completou: "Isso mesmo, eu espero pelo sinal de outra máquina que continuar funcionando, ou vou ajudar em outro lugar".
Notei então como esse sinal de puxar a produção automaticamente reprogramava a operação.
E disse: "Então se o modelo de luxo ou outras opções começarem a vender mais...".
Ele outra vez completou: "Isso aí, eu troco a ferramenta e passo a lidar com os verdes".

Puxa! Isso sim é que é simplicidade. Nem mesmo eu poderia fazer qualquer confusão com tal sistema. Reprogramação visual da fábrica com algo chamado de sinais de puxar a produção.

O trabalhador continuou: "Ninguém faz nada até recebermos um sinal de puxar a produção. Se você tivesse tentado adivinhar, ou eu, ou um programador, todos teríamos dito que os vermelhos de alto volume seriam os próximos mais solicitados. Mas todos teríamos errado. Eu já estaria envolvido com a minha rápida montagem fazendo as peças erradas. Então a operação de montagem à minha frente ficaria sem peças. Todos naquela linha estariam de mãos nos bolsos por causa do meu palpite errado".

Isso acontecia a maior parte do tempo quando programávamos, ou adivinhávamos. Ele pressionou: "Você acompanha este contêiner até a linha de montagem. Meu cliente vai retirar a última peça de um contêiner semelhante, e então o meu contêiner vai ser misturado no JIT. Se tivéssemos começado a fazer qualquer outra coisa, iríamos bloquear essa linha". E continuou: "Acompanhe alguns outros contêineres pela fábrica. Não pergunte aos trabalhadores pela sua programação. Eles vão pensar que você é um retardado! Pergunte, isto sim, qual é o sinal de puxar a produção deles".

Foi o que fiz. Acompanhei seu contêiner à linha de montagem. Muito bem. O contêiner chegou ali pouco antes de o contêiner da montagem se esgotar – JIT. Nenhum minuto sobrando. Eu vi outros sinais de puxar a produção. Às vezes era um contêiner vazio, às vezes um lugar desenhado no chão, às vezes um cartão de plástico laminado (*kanban*) e às vezes um gráfico manual claramente rotulado. Ninguém começava a fazer qualquer coisa até receber *permissão* para a produção. Tudo isso era diferente demais, e muito melhor, do que o às vezes ambíguo "programação mágica" da AE. No momento em que completávamos a impressão de cada programação, ela já parecia defasada. Eu precisava falar a respeito disso com meus colegas.

Andei por toda a fábrica da Toyota à procura deles. Não os encontrei em lugar algum. O meu acompanhante me levou de volta à sala dos computadores. Todos os 19 ainda estavam ali, examinando folhas e mais folhas de impressos com linhas de código e resultados do sistema de Planejamento de Necessidades Materiais (PNM) da Toyota. O pobre do anfitrião japonês mal conseguia sacudir os ombros enquanto meus colegas o enchiam de perguntas. A Toyota estava utilizando o PNM para fazer as matérias primas chegarem à fábrica dentro do prazo, mas certamente não o estavam utilizando para programar suas operações!

Melhor eu contar logo a eles...

E então gritei: "Eureka, descobri a chave para resolver o programa da programação!".

Meus colegas de olhos arregalados se voltaram para mim, esperançosos.

"A chave é não programar."

Eles simplesmente fizeram cara feia e voltaram a examinar todos aqueles códigos.

Fiquei embasbacado. Procurei falar-lhes sobre as linhas de montagem e os simples sinais de puxar a produção. Pouco depois das 15 horas, reembarcamos no ônibus especial. Eu não era tão esperto, nem os outros tão tolos. Era apenas a pessoa mais jovem naquele ônibus. Mas o resto da equipe concluiu: "Não vai dar certo. Eles jamais conseguirão fabricar automóveis no Kentucky!" O orgulho sempre antecede uma queda. Enfiei-me no meu banco, enquanto os colegas não cansaram, durante a viagem toda de retorno, de alardear a superioridade dos sistemas e do talento da AE.

A Toyota teve receitas de mais de US$ 17 bilhões no ano fiscal encerrado em março de 2008![5] Eu *tinha* de saber mais a respeito do STP. No momento em que o ônibus atravessou o limite estadual com Michigan, eu já havia decidido sair da AE e focar em aprender mais a respeito do sistema Toyota de produzir.

- Como reagem os seus líderes quando alguém lhes apresenta dados demonstrando o desempenho melhor de um concorrente?
- O que é melhor: fluxo unitário de peças, puxar ou empurrar a produção (operações programadas)? Por que o Fluxo é melhor que puxar a produção?
- Você teria se demitido da AE?
- Quanto você aprende a cada dia de trabalho? Você pode aprender muita coisa (como não fazer) mesmo em empresas fracas.

(Glass Company) Cinco porquês (7)

"Uma barragem implacável de *porquês* é a melhor forma de preparar sua mente para abrir caminho em meio ao pensamento obscurecido por nuvens causadas pelo *status quo*. Faça uso frequente dessa barragem."

Shigeo Shingo

Enquanto pesquisava a melhor maneira de aprender com a Toyota, me transferi para uma fornecedora da AE e ajudei a empresa a fazer para-brisas e outros artefatos de vidro. Tornei-me uma espécie de especialista na modelagem da simulação de eventos discretos. Simulamos cada novo processo de produção antes de passarmos a refazê-lo da estaca zero. Minhas equipes de engenharia eram enviadas a cada fábrica com ordens do tipo: "Ninguém poderá retornar antes que a fábrica esteja funcionando dentro dos seus projetos de metas em produção e qualidade". Passamos muitos longos meses antes de alguém nos mandar de volta para casa por piedade, quase sempre muito distanciados, ainda, daquelas metas *ideais*.

A essa altura, foi lançado um livro fantástico descrevendo partes do STP. Tratava-se de *The New Manufacturing Challenge*, de Kiyoshi Suzuki.[6] O livro tinha capas vermelhas, por isso eu e meus amigos também interessados no STP passamos a chamá-lo de *O Livro Vermelho*. Continua sendo um dos melhores livros escritos sobre a "desperdiciologia". Suas caricaturas de operários empapados de suor estão profundamente gravadas em minha memória e ainda me fazem rir. Kiyo descrevia ali cada fábrica em que eu já havia trabalhado, e não era nada bonito. Devorei o livro. Quando cheguei ao fim, comecei de novo.

Um conceito muito importante que ele promovia era a utilização dos *Cinco Porquês*. Kiyo desafiava o leitor a usar os *Cinco Porquês* na próxima vez que tivesse de resolver um problema. Isso não seria muito difícil para nós. Problemas não nos faltavam. Dentro de poucos dias, recebi um telefonema de um gerente de fábrica que, quase aos berros, contou-me que nosso sistema de esteira rolante havia quebrado de novo! Era a quarta vez naquele ano que o problema se repetia com aquele maldito sistema! Em cada oportunidade, o problema era sempre o mesmo. O novo microcontrolador tinha uma junta de circuitos horrível. Estava ainda na garantia, mas perdemos US$ 30 mil dólares de produtos de vidro durante as poucas horas necessárias para substituir a peça e carregar nossos programas de controle.

Tirei nosso gênio da informática do importante jogo em andamento e fomos até a fábrica. Disse a ele que iríamos experimentar os *Cinco Porquês* para tentar chegar à *causa-raiz* desta vez. Tive de explicar tudo a ele. Ele era esperto e pegou o espírito da coisa antes de eu terminar minha primeira frase. Ele disse: "Isso certamente ganha dos *Cinco Quem*". Eu sabia exatamente o que ele quis dizer com aquilo.

Chegamos à fábrica para ouvir o gerente gritando palavrões. Quando entramos na fábrica, o som de vidros se partindo expulsou meu acompanhante dali. O vidro é feito derramando areia em um extremo, aquecendo-a a 3000 graus e então esfriando a contínua faixa de vidro em cilindros por alguns milhares de metros. Você não pode desligar o processo. Se o sistema de cilindros falha, barras pulverizam o vidro bom em fragmentos que são recolhidos em pás e levados de volta ao tanque para serem refundidos. Era uma confusão só.

Ignoramos o "gritão" da fábrica e pedimos a alguns dos bons operadores para se juntarem a nós ao lado da correia de transmissão. Falei então que iríamos tentar aplicar os Cinco Porquês. Eles aderiram de imediato. Ficaríamos perguntando "por quê?" até conseguir um "não sei" (ou um "Homer Simpson"

– você sabe, quando ele bate na própria cabeça e diz "Dã!"). Aqui vamos nós. Espero que Kiyo tenha razão.

Falei: "A linha principal de transmissão está parada".
A equipe perguntou com entusiasmo: "Por quê?".
Depois de um momento, eu disse a eles que qualquer um poderia ajudar a responder porquê.
Eu disse: "Os roletes não rolam".
Eles perguntaram de novo: "Por quê?".
Meu companheiro dos computadores disse: "Deve haver alguma coisa errada nesse painel de controle".
Muito bem, estamos chegando a algum lugar.
A equipe: "Por quê?".
O homem dos computadores abriu a porta, viu a luzinha laranja e disse: "Droga, o mesmo painel de controle do circuito falhou de novo".
Ele o extraiu da cabine e colocou no topo, depois foi até o escritório para telefonar de novo ao vendedor.

Eu disse à equipe: "Precisamos chegar à causa-raiz".
Citei então um sábio: "Problemas são como ervas daninhas. Não conseguiremos extirpá-las se não chegarmos às raízes".
Meus colegas de combate ao capim resmungaram sua concordância.
Eu os interroguei outra vez: "Por que o painel do circuito falhou?".
Um deles pegou o controle e disse: "Droga, esse painel está quente demais!".
Hum...
A equipe interrogou de novo: "Por quê?".
Alguém disse: "Talvez o ventilador não esteja funcionando".
Outro fez a verificação: "Não é isso, ele ainda funciona".
Então ele mesmo exclamou: "Esperem um pouco! Este filtro pequeno está todo enroscado!".
Ah-rá!!!
Perguntamos: "Por quê?".
Alguém disse: "Porque ninguém fez a troca".
Mais um porquê e alguém disse: "Porque ninguém está encarregado de trocá-los, e nem temos filtros sobressalentes para a troca".

Hora do Homer Simpson! Dã! Uma rápida verificação mostrou que os filtros custavam cerca de 10 centavos por unidade, e podiam ser comprados em grandes quantidades.

Você provavelmente tem equipamentos computadorizados e elétricos em suas operações. Examine-os de perto. Os equipamentos estão ficando cada vez menores. E, ao que parece, cada vez mais aquecidos. Qual é o pior lugar para colocar uma entrada de ar para qualquer equipamento? Isso mesmo, perto do chão empoeirado. Adivinhe onde é que são instaladas quase todas as entradas de ar? Para piorar as coisas, uma fábrica de vidro precisa espalhar pó branco entre cada pedaço de vidro cortado, sob pena de as peças superpolidas ficarem permanentemente grudadas. Filtros perto do chão seriam obstruídos com rapidez neste ambiente.

Sem jamais ter ouvido falar de uma metodologia do STP chamada TPM, nós fizemos nosso primeiro Formulário de Operador TPM. Os funcionários se ofereceram para trocar os filtros no primeiro dia de cada mês, pois eram baratíssimos. Passamos a manter um pequeno estoque de filtros perto do posto de Operações. Um dos trabalhadores desenhou um *cartaz de lembrete*. Ele inclusive errou na grafia de algumas palavras, mas a ideia era de fácil entendimento. Uma vez tendo recebido os filtros e substituído um deles, ele rabiscou suas iniciais no Formulário.

É divertido fazer a coisa certa antes mesmo de saber como ela se chama. Quanto a mim, só fico pensando se alguém continuou comprando e estocando aqueles pequenos filtros depois que deixei a empresa.

- Gostaria de um bom divertimento? Volte ao começo do livro e venha contando quantas vezes você verá uma palavra com o prefixo re-. Re-qualquer coisa é basicamente uma "fábrica escondida" em cada organização. Retrabalho, refazer, reexaminar, redesenhar, retestar, repintar, etc. Muitos dólares escapam pela porta dos fundos de sua empresa cada dia que esses "res" permanecem ocultos. Esta fábrica escondida custa uma fortuna.
- A rapidez com que o seu pessoal aprende a fazer os Cinco Porquês é surpresa para você? Por que, ou por que não?

- Você apoia as suas equipes de engenharia em metas de projetos que satisfariam as expectativas dos seus componentes?
  - Elas chegam a ter metas de projetos?
  - Essas equipes sempre acompanham seus projetos em campo?
  - Existe algum critério em uso do tipo "ninguém volta para casa até que...?".
- O que os seus engenheiros e projetistas poderiam aprender com este exercício?
- Foi surpresa para você o fato de os operadores da fábrica desta história terem se oferecido para substituir os filtros? Por que, ou por que não? Você procurou envolvê-los na solução? Estaria disposto a repetir a experiência?
- Já estou começando a repetir frases do tipo "problemas são como ervas daninhas...". Isto parece, leitor, razoável para você? Na minha função (tentar liderar uma equipe rumo à solução de um problema de causa-raiz), esta repetição pode significar alguma ajuda?

(Triangle Kogyo) Ficar no círculo (9)

"'Não FAÇA simplesmente alguma coisa, participe!' Tenha a perspectiva e reflita a respeito, em vez de continuar fazendo sempre a mesma coisa."

Dr. Scott Simmerman (www.squarewheels.com)

Minha saída da empresa de vidros foi um tanto incomum. O resto dessa história você encontra em "Integridade", no pilar das Pessoas. Simplesmente não resisti à oportunidade de trabalhar na Triangle Kogyo e aprender com um verdadeiro *sensei*. A Triangle Kogyo produzia assentos para a Mazda e se poderia afirmar que contava com um dos melhores sistemas de gerenciamento JIT na nossa área. Os consultores japoneses e Bo Shimono eram conhecidos como exigentes mestres, mas grandes professores.

Em meu primeiro dia na empresa, cheguei muito cedo. Durante o processo das entrevistas para a contratação, meu gerente-geral e *sensei*, Bo Shimono, estava no Japão. Daí minha ansiedade pela oportunidade de conhecê-lo. Visões do Sr. Miyagi no filme *Karate Kid – A Hora da Verdade* passavam por minha cabeça.

Mike, o diretor de Recursos Humanos, parecia nervoso quando nos aproximávamos do escritório de Shimono. Chegamos à porta.

Mike foi dizendo: "Shimono-san, aqui está o seu novo gerente de Engenharia de Produção".
E então literalmente me empurrou porta adentro e saiu quase correndo.
Espantado, pensei, *carpe diem* – aproveite o dia.
Estendi a mão e falei: "Oi, Bo. Meu nome é Steve".
O homem baixinho, atarracado, levantou-se e foi saindo da sala.
Enquanto eu ficava ali com a mão ainda estendida, pensei: "Isto aqui é a América, compadre. Nós dizemos 'oi'. Trocamos aperto de mãos. Bebemos muito café!".

Bo voltou à sala, enfiou a cabeça pela porta e ordenou: "Venha comigo". Eu fiquei mudo. Aquilo foi entrando pelos meus ouvidos lentamente. Venha comigo. Ele estava me mandando segui-lo. Àquela altura, eu conhecia apenas um sumário dos estilos japoneses de gestão, além do livro *The New Manufacturing Challenge*. "Faça o que lhe disserem!" Então, paletó ainda vestido e maleta de executivo à mão, desandei a correr para tentar acompanhar Bo Shimono, que parecia cada vez mais longe.

Bo fez uma pausa no meio de um corredor e finalmente o alcancei, já sem fôlego. Ele examinou tudo em volta. Então ficou de joelhos segurando um pedaço de giz. Desenhou um círculo apertado em torno dos meus pés, levantou-se e falou em voz alta: "Fique no círculo!". E rapidamente se afastou dali. Fiquei outra vez espantado. Mas permaneci naquele círculo idiota.

São 8 horas da manhã.
Preciso de café.
Às 8h30, os trabalhadores foram para um breve recesso.
Às 8h45, estavam todos de volta.
O relógio marcou 9 horas da manhã. Eu não preciso mais de café – preciso de alguma coisa mais forte!
São 10 horas. Eu era isca de empilhadeiras, que desviavam perigosamente de mim em corridas malucas.
Às 11 horas, os carregadores saíram para almoçar.
São 13 horas. Faminto.
Já são 14 horas.
Quinze horas.
Ainda estou neste círculo idiota!

Shimono finalmente voltou e perguntou, como que se vangloriando: "Steve-san, o que você está vendo?".

Larguei minha pasta no chão e ergui as mãos pensando em estrangular o sujeito que me deixou ali plantado durante o dia inteiro (mas não saí do círculo).

"Não consigo acreditar que o senhor me deixou aqui parado o dia inteiro. Estou faminto. Preciso ir ao banheiro. Empilhadeiras tentaram me atropelar. Eu odeio este lugar!"

Bo simplesmente comentou: "Isso é muito ruim, Steve-san. Esteja aqui amanhã. E permaneça no círculo".

Arre!!!

O homem deve estar maluco!

Bateu o desespero. O que Bo estaria pretendendo com toda aquela encenação? Desabando na poltrona, em casa, àquela noite, tratei de pegar, uma vez mais, o livro *The New Manufacturing Challenge*, de Kiyoshi Suzuki. O capítulo 2 tinha por título Organização do Local de Trabalho. Kiyo parecia estar dizendo:

> "Você lembra daquele Manual de Treinamento onipresente no canto da prateleira – aquele mesmo, todo empoeirado? Ignore-o! Todos fazem isso. Se você ficar parado durante o tempo necessário, observando, poderá aprender o que é o sistema de operações real, a maneira pela qual tudo é realmente feito." (**Paráfrase de Steve-san.**)

É isso. Bo quer que eu... Um ciclo que iria se repetir ao longo dos meses seguintes começou a emergir em meu cérebro. Observação. Confira com o *sensei*. Redirecione seus planos com muitas perguntas, em vez de respostas, sobre o rumo do processo. Mais observação. Mais perguntas. Bo queria que eu observasse suas operações de perto para ver se conseguiria detectar seu sistema operacional. Eu conseguiria fazer isso!

Às 7 horas da manhã seguinte, eu estava de volta ao círculo. Levava comigo apenas papel e caneta. Mal tinha engolido um pouco de café (vocês sabem como é isso). Observar. Eu estava perto do assento principal das linhas de montagem e das células de abastecimento. Ontem, estava tão envergonhado com os mais de 50 trabalhadores de linha rindo e apontando para mim que sequer consegui olhar na direção deles. Hoje, estou focado na linha de montagem.

Alguns minutos depois, notei um cordão amarelo pendurado em toda a extensão da esteira rolante e até mesmo as células de abastecimento em ambos os lados. Com intervalos de poucos segundos, um trabalhador puxava aquele cordão. Uma luz amarela brilhava então no placar pendente do teto. A linha não parava. Mas uma pessoa em uma mesinha próxima de cada grupo de sete ou oito trabalhadores sempre se erguia e passava a trabalhar junto com o puxador do cordão até resolverem o problema. Escrevi tudo aquilo que havia observado e desenhei uma seção da linha de montagem. Mas, de hora em hora, ou alguém apertava um botão diferente, ou os dois trabalhadores em conjunto não conseguiam resolver o problema em tempo. Uma luz vermelha disparava. Bip bip bip! Os trabalhadores e os encarregados do conserto imediatamente apareciam, gritando: "Consertem a esteira!".

Eu também sabia que produzíamos assentos em uma sequência quase que exatamente igual à da fábrica da Mazda mais acima, na mesma rua. Quando eles diminuíam o ritmo, nós diminuíamos o nosso. Quando eles aceleravam, nós acelerávamos. Quando eles paravam, nós parávamos.

Notei também que nenhuma empilhadeira entrava na área da montagem. Corredores estreitos eram pintados de cores diferentes em toda a montagem. Um sujeito em uma lambreta elétrica puxava dois reboques com pequenas latas para cada estação de trabalho em uma determinada rota – como se fosse um leiteiro – e depois voltava à área de armazenamento. Também desenhei isso no meu papel de anotações. Ele desengatava seus reboques cheios de pequenas latas de plástico, vazias, e então se engatava a outro conjunto de reboques que tinham pequenas latas cheias de peças já ali armazenadas.

Então o condutor iniciava sua rota *exatamente* no começo de cada hora, como se fosse um relógio – 8, 9, 10, 11 horas, meio-dia. Nunca mais cedo. E em quase cada um dos postos de trabalho, ele recolhia latas vazias, desembarcava latas cheias e recolhia alguns cartões verdes laminados. Ele levava cerca de 55 minutos para cobrir cada um desses trajetos. E então retornava à área de armazenamento e conversava com uma pessoa ali parada.

Mais cedo, este outro personagem arrastava reboques vazios pela área de armazenamento com prateleiras inclinadas e recolhia latas pequenas cheias, usando uma espécie de lista de compras (de cartões) e as depositava nos reboques. Parecia um supermercado, e foi este o título que dei à ilustração correspondente nas minhas anotações. (Como vocês provavelmente sabem, essa área é mesmo chamada de supermercado.) Os criadores de nomes do STP sabem mesmo como simplificar as coisas. Talvez porque pretendam que seja tudo simples. Batizei o outro homem lá atrás de comprador profissional. Vocês não gostariam de contar com um comprador profissional?

Quando me dei conta de que já estava na sétima página de anotações e esquemas, prestei atenção no horário. Faltava pouco para as 3 horas da tarde. Bo Shimono apareceu lá na esquina.

Ele falou: "Steve-san, o que você está vendo?".

Eu disse, quase sem pensar: "Bo, Bo, olhe só o condutor lá no fundo do supermercado. Lá vai ele, exatamente na hora certa. Ele desce e pega outra carga e... Mais adiante, Bo! O posto de trabalho número 5 acaba de parar. O homem salta ali mesmo. Empurra o assento, empurra o assento. Mas, se eles não conseguem consertar aqui, bip, bip! Socorristas de todos os lados! E..."

Eu havia desvendado sete páginas inteiras de observações em apenas um longo suspiro.

Trabalhei para o meu *sensei* durante um bom tempo. Jamais o vi sorrir. Mas o canto de sua boca levantou e ele se preparou para um pronunciamento: "Muito bom, Steve-san. O último gerente americano aqui passou **duas semanas** no círculo!".

- Chegou a sua vez. Venha comigo até a sua operação e fique dentro do círculo durante algum tempo, mesmo se for uma área de processo administrativo. O que iremos enxergar?
- Veremos uma *sinfonia* de fluxo?
- Está tudo claramente rotulado – tanto que até um Steve-san qualquer seria capaz de detectar anormalidades?
- Ficará claro para nós tudo aquilo que foi feito e para onde cada objeto se dirige?
- Se houver alguma coisa errada, ela continuará por aí, como uma unha encravada?
- Se algum problema ocorrer, haverá um *bip, bip, bip* e correria com objetivos?
- Se alguém puxar um cordão de *andon* e precisar de ajuda, mais alguém aparecerá **mesmo** para ajudar?
- E se ninguém responder ao sinal de *andon* de imediato, isso será levado a funcionário de hierarquia superior?
- Há sempre alguém disposto a começar imediatamente a ajudar a pessoa, ou irá desviar o produto, impaciente?
- Você acompanha o número de puxões de cordões de *andon*? Você desliga a linha de produção e procura explicação, se for o caso, para o fato deste número ser menor do que o esperado?
- Se alguém o encarregou desta missão, você terá condições de **ver** seu sistema operando?

- E se estivermos nas áreas de processos administrativos de suas operações?
- Há sempre um quadro em branco perto de cada pessoa com os projetos em que estão operando?
- Se os projetos estão sofrendo atrasos, as causas estão corretamente alinhadas? Se você é o chefe, tem boas possibilidades de fazer alguma coisa a respeito dos atrasos. Por que os seus trabalhadores não conseguiram até então apresentar as razões desse atraso?
- Você deveria dizer à pessoa em um círculo para tentar observar e documentar seu verdadeiro sistema operacional, ou deixaria simplesmente deixar que ela tente adivinhá-lo? Por quê? Por que não?
- Por que você entende que a Triangle Kogyo exigia entregas de matérias-primas exatamente no início de cada hora? Será melhor entregar uma vez por dia a todos os postos de trabalho, ou a cada hora? Por quê?

Nota: Fique você mesmo dentro de um círculo e peça aos seus principais líderes para que façam a mesma coisa. Isso também representa uma grande missão para novos funcionários. Não se esqueça de levá-los para almoçar depois dessa missão.

Estes sempre mentem! (10)

"Uma mesa é um lugar perigoso para tentar ver o mundo."

Adaptado de *John Le Carre*

"Somos aquilo que fazemos sempre. A excelência, então, não é um ato, mas um hábito."

Aristóteles

No meu terceiro dia, animado pelo meu óbvio *sucesso* em conseguir sair do círculo, comecei a procurar pela minha mesa. E fiquei perplexo ao ser encaminhado a uma enorme área, bem aberta, que mais parecia um curral. Minha "mesa" era uma folha de madeira compensada que tinha como pilares dois arquivos de documentos. A "mesa" foi então empurrada contra três outras similares que formavam um grande quadrado. Havia apenas um computador no meio disso tudo. Ele deveria ser compartilhado pelas quatro pessoas enfiadas naquele estranho cenário.

Na AE, havia me tornado extremamente hábil com os computadores. Comecei a perguntar a respeito do cenário e do computador. Bo rapidamente interrompeu (ou entrou em erupção): "Você NÃO precisar computador. Você vá para o chão da fábrica. Vá, agora!" Minha ágil *fuga do círculo*, pelo jeito, era coisa do passado. Deixando minha pasta de executivo e uma caixa com itens pessoais na madeira compensada, lá fui eu para o chão de fábrica. Vi um líder de equipe ao qual havia sido antes apresentado. O nome dele era Squirrel (esquilo, de verdade). Ele me disse que tudo estava dentro dos padrões.

Uma hora depois, escapei de volta para a minha escrivaninha pensando em arrumar minhas coisas. Tentei apresentar-me aos trabalhadores situados por ali. A maioria parecia ter a atenção voltada para outras coisas. Mitsumi, porém, mostrou-se amistosa. Ela me fez muitas perguntas sobre meu currículo. Enquanto eu desempacotava minhas coisas pessoais, notei que as molduras de cromo das fotos de família não combinavam muito bem com a madeira compensada. Até uma lasca de compensado consegui enfiar em um dedo. Não havia lugar para depositar meus volumes de importantes livros de referência. Bo Shimono, a essa altura, já estava de novo atrás de mim.

"Steve-san, como estão as linhas de montagem?"

"Tudo de acordo com o previsto, Bo. Acabo de falar com Squirrel que disse..."

Bo entrou em erupção: "Steve-san, *estes* (apontando para os ouvidos) sempre mentem. *Estes* (apontando para os olhos) não mentem jamais".

E completou: "Saia por aí e vá verificar! Vá para o chão de fábrica!".

Revirei os olhos.

A primeira coisa que notei ao entrar no espaço da fábrica foi um som de algo se estraçalhando. Caminhei na direção do som, encontrei um monte de gente olhando e perguntei: "O que está acontecendo?".

O supervisor disse: "Esta prensa acaba de cuspir uma haste, ou coisa parecida".

O golpear das ferramentas identificava os três trabalhadores espancando a máquina.

Eu perguntei: "O que há de errado com ela?".

Deram de ombros.

Perguntei: "Quanto tempo ficará parada?".

Deram de ombros.

Os consultores japoneses perto da prensa ordenaram: "Quanto mais cedo, melhor!". Uma frase que eu não me cansaria de ouvir por ali. Depois de um tempo mais de observação, tive um bom palpite sobre quem teria feito o quê. Eu perguntaria a Shimono-san logo mais, à noite. Terceiro dia, encerrado; minhas coisas ainda nas caixas.

- Tente este recurso da próxima vez que alguém disser que tudo está em ordem ou que há necessidade de mais recursos. Diga: "*Estes* (os ouvidos) sempre mentem. *Estes* (os olhos) não mentem jamais. Vá lá e veja por si mesmo!" O que você aprendeu? Muito bem, para aqueles que realmente fizeram isto, o que você aprendeu?
- Quantos dos seus gerentes e líderes poderiam sobreviver a um "teste de apontamento"? Se você lhes pedisse para apontar para as pessoas agregadoras de valor que eles apoiam *diretamente*, teriam condições para tanto? Se você então perguntasse a esses trabalhadores quantas horas por dia (se tantas) esse gerente ou líder *visivelmente* lhes manifesta apoio, o que eles diriam? Poderiam sobreviver ao teste do apontamento? Você sobreviveria?
- Onde deveriam ser localizados os escritórios dos gerentes que dão apoio direto à produção?
- Aos olhos dos seus supervisores e líderes, como você poderá aumentar a priorização do *gemba* – o lugar onde todo o trabalho se desenvolve?

Estudo de tempo – Parte 2 (18)

"Diga-me e eu esquecerei, mostre-me e talvez lembrarei, envolva-me e entenderei."

Provérbio chinês

Lembram-se de que jurei que jamais faria outro estudo de tempo, ainda nos tempos da AE? Bem, aqui está o resto da história. Poucas semanas depois do evento da engenharia reversa (ver minha história do pilar das Pessoas, chamada de "Você Mau Sujeito – Engenharia Reversa"), Bo chamou-me em seu escritório, jogou-me um cronômetro e determinou: "Faça Estudo de Tempo na estação do funcionamento da regulagem de assento!" Ah não! Estudo de tempo de novo, não. Se por acaso ainda não falei a respeito, a Triangle Kogyo era uma empresa sindicalizada. E era o mesmo sindicato da AE. Visões do meu último estudo de tempo, uma década atrás, passaram a me assombrar.

Eu arrasto meus pés quando não quero fazer alguma coisa. Igual aos meus filhos adolescentes. Eu estava realmente temendo que fosse outro daqueles *jogos*. Achei uma folha de papel em branco e finalmente arranjei uma prancheta. Não era nenhuma paleta de pintar de Picasso. Parecia-se mais com alguma coisa que tivesse sido atropelada por uma empilhadeira, com um dos seus cantos faltando. Olhei para o cronômetro. Era em minutos decimais (DM). O que diabos era um minuto decimal?! Arrastei meus pobres materiais sobre estudo de tempo para a célula da regulagem de assentos.

Mais ou menos na metade do caminho, meu amigo e líder de equipe, Squirrel, me alcançou e tomou o meu cronômetro.

Ele disse: "Aonde você vai com esse cronômetro?".

"Bo pediu-me para fazer um estudo de tempo."

Squirrel: "*Você* não pode ter um cronômetro no chão de fábrica!".

"Por quê?"

Ele disse: "Você é da gerência. Os trabalhadores sindicalizados são os únicos que podem usar um cronômetro ali".

Fiquei perplexo.

E disse: "Bo me mandou vir para a célula da regulagem de assentos...".

Squirrel me interrompeu, comentando: "Bem, já estou entendendo".

Squirrel continuou: "Nós pedimos ajuda naquela célula. Veja só, uma trabalhadora do segundo turno naquele posto pensa que tem um método de trabalho melhor que o do primeiro turno. Nós simplesmente queríamos alguma ajuda para julgar se a segurança e a qualidade dela são realmente melhores. Você sabe alguma coisa a respeito de ergonomia, não sabe?".

Pedi a ele: "Você poderia repetir tudo isso, bem devagar?".

Squirrel virou os olhos e repetiu pausadamente: "Não pedimos estudo de tempo algum. Os caras do sindicato fazem todas as observações sobre o tempo gasto e o equilíbrio aqui na linha de montagem. A trabalhadora do segundo turno *descobriu uma maneira melhor* de produzir do que o padrão documentado em vigor. Nós queríamos apenas que alguém certificasse que isso será tão seguro e de alta qualidade como antes. Você é um engenheiro industrial. Você pode fazer isto, não pode?".

Notável.

Apenas assenti, concordando. Minha cabeça girava. Pensava se Bo sabia que a equipe dele *não* queria estudo de tempo algum. Por que, então, ele havia me pedido para fazer um?

Enquanto nos aproximávamos da célula da regulagem de assentos, Squirrel repetiu: "Não há necessidade alguma do cronômetro. Sabemos que alguma coisa é mais rápida usando simplesmente nossos próprios relógios. Trate de observá-la durante uns poucos ciclos, nós faremos um vídeo dela, e volte amanhã para observar o primeiro turno fazendo o processo de acordo com o padrão atual". Naquele dia, aprendi duas coisas importantes:

1. Os sindicatos não são o problema.
2. Quando em poder das devidas ferramentas e autoridade, as pessoas encontrarão meios mais simples de produzir melhor. Esta é a famosa *Lei do Menor Esforço*. Eu a chamo de LOLE (abreviatura de *Law of Least Effort*).

As pessoas estão sempre procurando uma forma de apressar o que estão fazendo, de acabar com aquilo. Faz parte da natureza humana. Muitas empresas nem sequer se empenham em disfarçar isso. Qual percentagem da sua energia cerebral, em forma de ideias, a sua empresa está pedindo que você implemente hoje?

- Quem tinha, usava e controlava as ferramentas para a melhoria (estudo de tempo) na AE?
- Quem tinha, usava e controlava as ferramentas para a melhoria na Triangle Kogyo?
- Que diferença isso parecia fazer para os funcionários?
- De que forma um método ou sequência melhorados de trabalho poderiam beneficiar um trabalhador? E quanto à empresa?
- Quais as preocupações que um trabalhador tem com a possibilidade de reduzir o tempo de ciclo do operador?
- Até que ponto os funcionários da Triangle confiam na garantia de seus empregos?

Moscas mortas (24)
"Esta pode ser uma oportunidade perfeita para usar o bom senso!"

Robert Pike

Bo Shimono estava sempre usando muitos idiomas e analogias engraçadas. Uma de nossas equipes fez um exercício de 5S (organização do espaço de trabalho). O primeiro S corresponde a *seiri*, em japonês, ou triagem, sentido de utilização. Você deve livrar-se em primeiro lugar de todos os tipos de supérfluos e desperdícios. Os integrantes da nossa equipe saltaram esse passo e foram diretamente para o segundo, *seiton*, em japonês, ou a disponibilização do necessário no ponto de uso. Eles rotularam praticamente tudo – até mesmo o lixo e o desperdício.

Bo fez uma revisão do nosso trabalho. Franziu as sobrancelhas, resmungou e falou: "Se vocês enxergarem moscas mortas no peitoril da janela, tratem de limpá-lo! Jamais aplique rótulos às moscas!" Esta analogia nem precisa de uma explicação. (Ver a Figura 2.1). Naquela semana, jogamos fora um latão cheio de itens desnecessários.

- Pense em todos os rótulos existentes no seu recinto de trabalho. Quantos deles poderiam ser classificados como desperdício? Quais? O que você poderia fazer a respeito?
- Quando as pessoas rotulam o desperdício, qual é o passo que estão deixando de lado? Por quê?
- Existe alguma outra tarefa ou ação aparentemente classificável como desperdício realizada em nome do *Lean* ou do STP? Por que, na sua opinião, elas continuam sendo feitas?

Figura 2.1 Moscas mortas.

(JCI/Toyota) Você irá fracassar (26)

"O progresso é impossível sem a capacidade de admitir erros."

Masaaki Imai

A JCI estava lançando rapidamente fábricas montadoras de assentos e de peças de automóveis. Tinham uma instalação de montagem e uma de peças a serviço da Toyota que funcionavam de forma admirável. Mas também tinham dezenas de outras que faziam lixo com grande rapidez. O vice-presidente de Produção era um homem imenso, impetuoso. Eu gostava dele. Ele me encarregou de descobrir o que engrandecia nossas fábricas Toyota, documentar tudo isso na forma de um sistema operacional e então o espalhasse pelas outras fábricas de assentos. Eu teria um ano para tanto. Desesperado por prosseguir no meu aprendizado na Toyota, concordei: "Claro, chefe, assim será feito".

Marquei uma viagem de um dia à Toyota. Foi a glória. Conheci o homem da Toyota que viria a ser meu *sensei*, Hiroyuki Nohba. Também tive contato com meu consultor na própria JCI, Phil Beckwith. Algumas universidades renomadas escreveram estudos de casos sobre a maneira pela qual Phil foi sugado, resistindo e gritando, pelo método Toyota. Gostei dele de imediato. Nohba-san. Bem, essa foi uma história diferente.

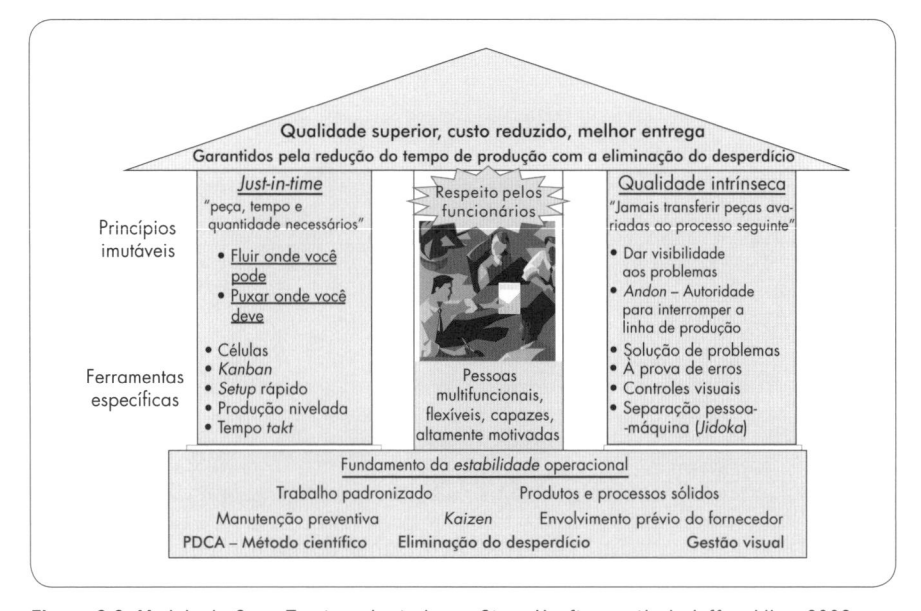

Figura 2.2 Modelo da Casa Toyota, adaptado por Steve Hoeft a partir de Jeffrey Liker, 2002.

Olhando meu relógio, fiz A pergunta: "Senhor Nohba, o senhor poderia explicar tudo o que pode sobre o Sistema Toyota de Produção?" Hiro me olhou carrancudo. Nossa, quando ele fez aquilo parecia um...

Concentre-se.
Tenha a caneta à mão.
Hiro desenhou a familiar fundação, os três pilares e o teto do STP (ver Figura 2.2).
Hiro fez uma pausa, examinando meu rosto.
Então explicou resumidamente a base da estabilidade operacional.
Anotei animadamente e disse: "Entendi!".
Ele franziu as sobrancelhas.
Explicou então o primeiro pilar, o do JIT.
Fiz algumas interrupções com o meu *profundo* conhecimento das células, mas deixei claro que "ainda preciso aprender mais sobre o *kanban*".
Ele franziu de novo as sobrancelhas e, por um momento, pareceu disposto a levantar e sair logo dali.
Os olhares ansiosos de Phil pareceram acalmá-lo.
Hiro explicou o segundo pilar, que rotulou de *Pessoas*.
Concordei com a cabeça e disse, "entendi!"
Ele franziu de novo as sobrancelhas.
Meus olhos voltaram-se de novo para o pilar do JIT.
Depois de um silêncio carregado, Hiro explicou brevemente o terceiro pilar, o *Jidoka* (usando de um pouco de licença literária, chamaremos este pilar de Qualidade Intrínseca – QI).
Ele disse: "Os pilares precisam ser construídos com igual intensidade e todos ao mesmo tempo".
Outra pausa e ele falou de novo: "Não se pode colocar o teto sobre a casa enquanto as paredes não estiverem prontas. E também não é possível construir paredes enquanto não se contar com uma sólida fundação".
Ele declarou: "Este é o STP".

Encantado com a simplicidade do desenho, falei sem pensar: "Entendi tudo. Fundações, JIT, Pessoas e Qualidade".
Ele apenas sentenciou: "Você não entendeu nada".
Aquilo me machucou. Hiroyuki nem sabia do meu intenso estudo de tudo o que dizia respeito à Toyota e do tempo que já havia passado com um *sensei* como Bo.

Por isso, contestei: "Acho que entendi. Fundações, JIT, Pessoas e Qualidade. Parece fácil!".

Ele disse: "Não é nada fácil. Na verdade, você vai *fracassar*!".

Respondi: "Fracassar! Não posso fracassar. Quer dizer, precisamos ser bem-sucedidos ou a empresa toda irá pelo ralo".

Hiro insistiu: "Você vai fracassar".

Eu não estava confiante o suficiente para pressionar Hiro além daquilo. Por isso, me despedi, marquei uma sessão de acompanhamento para dentro de algumas semanas e então voltei para Detroit. Fracasso. Como eu poderia fracassar?

Para a maioria dos líderes industriais, a vontade de obter resultados tipo STP (ou tipo *Lean*) é normalmente mais forte do que o desejo de consolidar o sistema e a disciplina necessários. Isso não é nada bom. Em outras palavras, a maioria dos líderes não tem coragem para colocar os princípios operacionais em prática e dar-lhes sustentação. O STP é um "esporte de contato". Você precisa confiar em seu pessoal, desenvolvê-lo e então construir sistemas baseados neles para a melhoria contínua. Os líderes tendem a ter intervalos de atenção da mesma duração das de um inseto.

Voltei à sede da JCI. Ao final daquela semana, fui chamado a uma fábrica de regulagens de assentos de metal que lutava para atingir as metas de produção. Com o pré-trabalho feito por um jovem e fantástico engenheiro, rapidamente transferimos as pequenas máquinas de solda, equipamentos de montagem e utensílios para uma célula de fluxo estreita, de cinco postos. Precisamos de menos de um dia para fazer aquilo. O engenheiro e eu chegamos quase às lágrimas (de alegria) quando deixamos o trabalho naquela noite. Nossa célula parecia *lean*. Até cheirava a *lean*.

Ao entrarmos na fábrica na manhã seguinte, fomos rapidamente arrastados para a Sala da Gerência. As qualificações de um gerente de fábrica devem incluir a capacidade de gritar, cuspir e ameaçar, tudo ao mesmo tempo. Mesmo com as nossas constantes intervenções, nossa magnífica célula de fluxo unitário de peças não funcionou durante mais da metade do dia! Todos os trabalhadores e o pessoal de apoio ficaram parados. Nossa célula parecia *lean*, cheirava a *lean*, mas funcionava como lixo! O gerente de fábrica gritava enquanto eu chamava Nohba.

Eu chamei Nohba: "Nohba-san, socorro! Colocamos em andamento uma perfeita célula de fluxo unitário de peças na nossa fábrica de regulagens de assentos, mas ela esteve paralisada durante mais da metade do dia! Socorro!".

Eu podia ouvi-lo sorrir pelo telefone.

Ele disse: "Steve-san, você fracassou".

Grande. Era todo o apoio de que eu precisava.

Falei: "Tudo bem, sei disso, mas como podemos ajeitar tudo?".

Ele apenas disse: "Volte tudo ao que era antes".

E eu disse: "Hã? Por quê?".

Ele disse: "Steve-san, você esqueceu da **Fundação**".

Uma imagem da Casa Toyota passou pela minha mente, com a profecia dele de que eu iria fracassar.

Eu disse: "Vou colocar as máquinas nos lugares em que estavam antes. Por favor, diga-me onde foi que eu errei".

Hiro então perguntou: "Qual é a percentagem de tempo que a Máquina 1 está ligada e disponível para você?".

Eu respondi: "É uma máquina de solda típica. Acho que o tempo é de 88% a 90%".

Ele disse: "Nada de 'acho'. Consiga números, depois me ligue".

Depois de uma enorme confusão e de ordens para que maliciosos e sorridentes operadores devolvessem o equipamento ao lugar original, cheguei aos melhores dados sobre tempo ocioso que consegui encontrar.

Liguei para Hiro.

Ele perguntou de novo: "Qual é a percentagem de tempo que a Máquina 1 está ligada e disponível para você?".

Eu disse: "Esta máquina de solda está parada 14% do tempo, principalmente por excesso de solda e mudanças na fiação, com isso sobram 86%".

Ele perguntou: "E a Máquina 2?"

A máquina de solda 2 chegava a 87% do tempo, a Máquina 3 estava em 90%, a Máquina 4 em 91% e o Posto 5 ficava em 87%.

Hiro mandou que eu multiplicasse o tempo *de atividade* dessas máquinas que tinha movido em séries (em vez de em grandes lotes de departamentos ou ilhas) para obter o tempo líquido.

Maldição.

O tempo ativo líquido da célula era quase exatamente aquele que conhecíamos.

Ele disse: "Steve-san, você falhou por ter esquecido a fundação. Você avançou para células de fluxo unitário de peças só porque isso parece *sexy*. **Manutenção preventiva** está na fundação. Você deve lidar com suas questões de tempo ocioso antes de conseguir construir células de fluxo unitário de peças!" E não é que ele tinha razão? Os números do tempo ocioso não pareciam nos prejudicar quando produzíamos em lotes em seções com ociosa capacidade. Mas em um sistema *lean*, esse montante de tempo ocioso era fatal. Eu não cometeria esse erro duas vezes!

Muito bem, acontece que cometi esse mesmo erro pelo menos outras quatro vezes antes de aprender a importância da fundação. A segunda vez foi o princípio de Fundação da Qualidade em Primeiro Lugar (*Processos Robustos* na Casa Toyota). A vez seguinte foi no prematuro *Envolvimento dos Fornecedores* em um novo lançamento.

Babaca.
Hiro havia adivinhado esses erros.
É uma coisa boa toda aquela paciência da Toyota.
Mesmo assim, ouvi Hiro repetir: "Quanto mais rápido, melhor".

- A sua empresa já cometeu este erro – tentar instalar células, *kanban*, sistemas TPM ou sistemas QI – antes de acertar as fundações? Se isso aconteceu, qual foi a lição que você aprendeu? Valeu a pena? O que você fará para prevenir esse tipo de erro na próxima vez?
- A Fundação da Casa Toyota é composta de princípios de melhoria *contínua*. Como você precisará trabalhar continuamente com eles, quando se sentirá preparado para avançar para os pilares?
- Um palpite de Hiro: estabilidade. É um princípio.
- Determine a percentagem total do tempo de produção planejado que as máquinas em sequência estão "em funcionamento" e disponíveis para você. Qual é o tempo de produção esperado do seu sistema? Você está registrando todo o tempo ocioso e suas razões? Por que, ou por que não? Como você registra um ou dois "tempos de ciclo de operadores lentos"?
- Foi adequado "fazer voltar" a célula até que a JCI abordasse a fundação? Por que, ou por que não?
- O que você diria a um consultor ou líder que sustenta: "Você precisa implementar *kanban* em todos os pontos, já!"? Suponha que você tivesse

alguns princípios da fundação a serem trabalhados. Os seus líderes estariam dispostos a esperar?
- Quando você avança para as ferramentas maiores do JIT ou da QI?

Princípios atemporais e imutáveis (27)

"Jamais confunda movimento com ação."

Ernest Hemingway

Hiroyuki Nohba, da Toyota, convenceu-me também de outra importante faceta da Casa Toyota. Ele qualificou as palavras na fundação e no topo de cada pilar de "Princípios Atemporais e Imutáveis". Hiro disse: "Nós *sempre* implementamos os princípios. E eles *sempre* funcionam. *Não* transigimos com eles". Depois de várias tentativas frustradas e então de muitas implementações bem-sucedidas do STP, comecei enfim a apreciar os princípios em sua integralidade. Quando faço concessões relativas a princípios, tendemos a ficar afundados na lama, ou no mínimo diminuímos o ritmo da mudança. Quando me mantenho fiel aos princípios, atingimos ritmo com melhor qualidade e até melhoramos a motivação.

O melhor exemplo de princípios atemporais e imutáveis é o *kanban*. Mais tarde em minha carreira, trabalhei como um instrutor de *lean* para um fabricante de amortecedores. A indústria fora aconselhada por um poderoso vice-presidente a instalar *kanban* entre cada célula de montagem e suas células de matéria-prima ou trabalho em andamento (WIP, de *work in process*). E eles instalaram. Imprimiram grandes quantidades de cartazes de *kanban*. Tantos, na verdade, que chegaram a ser usados como rótulos descartáveis.

O princípio na Casa Toyota é o *fluxo* e, quando você não consegue fluir, *puxar*. Ir diretamente a uma *ferramenta* como o *kanban* de papel na verdade impediu que esta fábrica se convertesse diretamente ao fluxo unitário de peças. E o melhor meio de puxar não era afixar papel de *kanban* naquelas sequências. É muito simples, quadrados de *kanban* (desenhos no chão) ou um sistema de duas latas (um pequeno número de contêineres ou caixas bem rotuladas) teriam sido melhor do que usar cartões *kanban*.

A propósito, esta fábrica parou de usar *kanban* depois de apenas alguns meses, em função de uma exigência de *permissão para produzir*. Eles continuavam perdendo os cartões *kanban*, ainda que centenas de milhares de outros continuassem flutuando pelo sistema – vá que o vice-presidente aparecesse por ali...

- Quais são os princípios atemporais e imutáveis da Casa Toyota?
- Se um líder de alto nível mandar implementar *kanban* (sem tentar primeiro o fluxo unitário de peças), o que você faria?
- Apresente um exemplo de suas operações que você pudesse conectar por meio do *kanban*. Será possível atingir o fluxo unitário de peças entre elas?
- Quando uma fábrica não tem tempo de instalar os princípios da fundação, seria comprometedor ignorar os problemas da fundação e avançar para as ferramentas JIT? E evitar tentativas de fluxo e de puxar a produção? Ou para evitar tentativas de "nunca deixar passar uma peça ruim"?
- Você sempre usa o sinal de puxar a produção ou *kanban* como uma permissão autêntica para produzir?

Consultores de uma ferramenta só (41)

"Se todos os especialistas em eficiência fossem postos lado a lado em uma fila – eu apoiaria."

Al Diamond

Se você for um homem de sorte, ainda não terá sido apanhado por eles. Existem grandes empresas de consultoria *lean* que gostam de vender *workshops* 5S em primeiro lugar. Deixemos claro, não há nada de errado com o 5S. Utilizo essa ferramenta cada vez que implementamos os princípios do STP. Só deixei de implementar o 5S *isoladamente*.

Há quem diga: "Não existe maneira de sustentar QUALQUER das outras ferramentas *lean* se você não puder sustentar, em primeiro lugar, o 5S". Observe: esta declaração até que contém um pouco de verdade. Por isso, eles vendem a você um pacotão de *workshops* 5S de cinco dias a 20 mil dólares cada.

Eles reúnem as pessoas da sua empresa, de todas as seções, 10 de cada vez. Precipitam-se sobre a próxima área, depois sobre a outra. Lá pelo fim do ano, as primeiras áreas atingidas já foram "revertidas" aos velhos bons tempos. Então consultores inescrupulosos tentem vender a você OUTRA rodada de *workshops* 5S! Infelizmente, muita gente compra este monte de asneiras. Em muitos casos, a administração decide pela interrupção do projeto *"Lean"* justamente porque não apresenta resultados satisfatórios. Exceto para os consultores, é claro.

E quem sabe para onde foram os meses de estoques ao final do quarto ou quinto dia dos seus *workshops* 5S – eles de alguma forma saíram da área em que estavam focando naquela semana. Acho que eles simplesmente empurraram o estoque para outro posto de trabalho, apenas para poder trazê-lo de volta durante o próximo *workshop* sobre 5S. Mais ou menos como acontece com aquele joguinho típico de parque de diversões. Você mira a cabeça de um boneco de plástico, acerta em cheio e o derruba, só para vê-lo voltar à posição original. É um jogo infrutífero. Você nunca vai ganhar!

- E você? Alguma empresa de consultoria já tentou vender-lhe apenas *workshops* de 5S?
- Em caso afirmativo, os consultores propuseram ensinar seu pessoal a conduzir o próximo seminário semelhante?
- Você tentou implementar o S5 sem qualquer outra ferramenta ou princípio?
- Você tentou fazer 5S que consolide uma mudança fundamental? Aposto que funcionou melhor desta forma.

❖ Notas

1. Nelson, David, Patricia E. Moody, and Jonathan Stegner, The Purchasing Machine, New York: The Free Press, 2001.
2. Reuters (www.Reuters.com), Annual Supplier Rankings of Automakers by Suppliers Show Toyota and Nissan Slipping, Ford Gaining and Chrysler Tanking (press release), Aug. 11, 2008.
3. *Merriam-Webster Online Dictionary*, http://www.merriam-webster.com.
4. Ohno, Taiichi, Toyota Style Production System — The Toyota Method, Toyota Education Department, Jan. 1973; do prefácio intitulado — Practice, not Theory".
5. www.hoovers.com
6. Suzaki, Kiyoshi, The New Manufacturing Challenge, New York: The Free Press, 1987.

Capítulo 3

Pilar do *just-in-time*: princípios e histórias

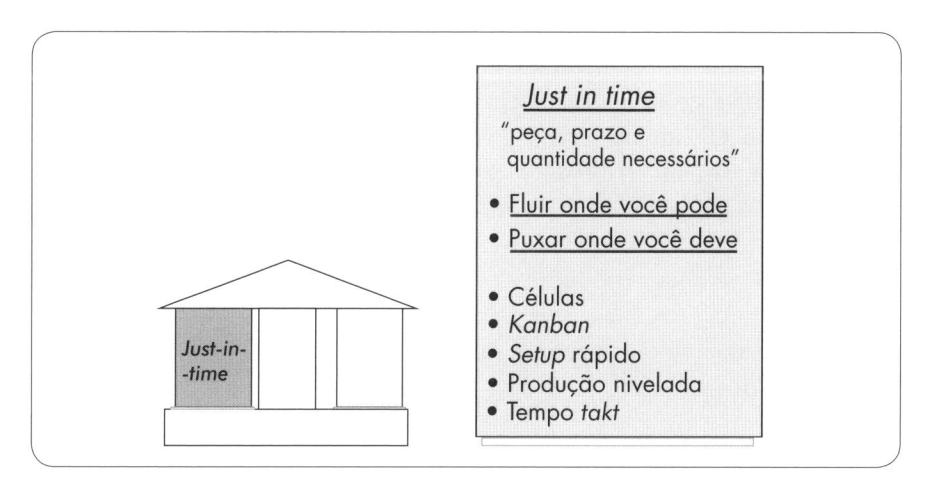

> **Just in time**
> *"peça, prazo e quantidade necessários"*
>
> - Fluir onde você pode
> - Puxar onde você deve
>
> - Células
> - *Kanban*
> - *Setup* rápido
> - Produção nivelada
> - Tempo *takt*

Na construção de uma casa, o primeiro passo é estabelecer uma sólida fundação. Depois disso, vão-se erguendo as paredes. Pode-se colocar em pé uma parede com rapidez, mas sempre será preciso tempo até que as outras estejam unidas e alinhadas. Isto vale para os três pilares da Casa Toyota, todos consequência e dependentes uns dos outros.

Começaremos com o pilar do *Just-in-Time* (JIT). Todos os pilares são importantes, mas o do JIT inclui alguns dos mais poderosos princípios existentes no arsenal do Sistema Toyota de Produção (STP). Os princípios atemporais e imutáveis deste pilar são o fluxo e a produção JIT – a peça necessária no momento necessário na quantidade necessária. Há também várias outras ferramentas relacionadas nesta versão especial da casa – células, *kanban*, *setup* rápido (conhecido como Troca Rápida de Ferramentas – TRF) e tempo *takt*. As ferramentas são frequentemente padronizadas e adaptadas a uma determinada área e podem ser diferentes, dependendo do processo a que se destinarem.

A produção JIT consiste em fazer o que o cliente precisa, no momento em que essa necessidade se manifesta e na quantidade necessária. Tudo isso precisa ser feito usando o mínimo de recursos em força de trabalho, materiais e maquinarias. Seu objetivo principal é combater duas fontes principais de desperdício – a superprodução e os estoques. Em um sistema tradicional de produção, o estoque existe como forma de solução para a eventualidade do surgimento de problemas. Em um sistema JIT, o objetivo é *eliminar* os estoques. Os sistemas JIT exigem lotes pequenos, tempos reduzidos de produção, proximidade física de processos e contêineres com um número fixo de peças. Assim, em um sistema JIT há somente o estoque mínimo indispensável para fazer o sistema continuar ativo.

O que um sistema JIT faz? Ele realiza uma produção eficiente pela redução dos estoques, com isso reduzindo os tempos de espera. Isso proporciona uma produção balanceada e contínua de bens e serviços. Um sistema JIT ataca também o desperdício. Quaisquer tarefas ou passos que não agreguem valor ao produto ou serviço a partir da perspectiva do cliente são apontados em um sistema JIT. Isso expõe problemas e gargalos causados pela variabilidade. Qualquer desvio do ótimo é exposto e corrigido. Há pessoas que acham os sistemas JIT incômodos exatamente porque, neles, você é sempre forçado a interromper a produção e corrigir o defeito ou problema constatado. A Toyota, porém, acredita que é o fato de NÃO parar que pode representar custos muito mais elevados para as suas operações.

Alguns dos princípios-chave no pilar do JIT são:

- A peça necessária, no momento necessário e na quantidade necessária.
- Fluxo contínuo – Como um curso d'agua, processos agregam valor e então mantêm o produto em movimento sem mais paradas.
- Puxar – Quando o fluxo de unitário de peças se torna inviável, os sistemas de puxar ligam o cliente aos processos do fornecedor; sistemas de puxar meramente suprem o que foi recém-usado, com lotes do menor tamanho possível.

❖ JIT ou os "necessários"

Produzir ao estilo JIT é um princípio. E ele sempre dá certo. Isso significa fazer a peça necessária no momento necessário e na quantidade necessária. Jamais antes do tempo. Nunca tarde demais. Kiichiro Toyoda, o fundador do setor automobilístico da Toyota, desenvolveu o conceito do JIT na década de 1930. Ele decretou que as operações não fariam nada antes que houvesse a necessidade. Declarou que ninguém produziria uma única peça, a menos que contasse com *permissão* para tanto.

Não se tratava de decretos fora da lógica ou mesmo muito esforço para pensar. Kiichiro e o nascente grupo automotor Toyota adotaram o JIT por se tratar da ÚNICA forma possível de produção de veículos. O Japão, uma nação--ilha, não foi abençoado com todos os recursos naturais indispensáveis à produção de automóveis. Eles tinham uma única opção. Precisavam receber pedidos (e depósitos) dos clientes, encomendar componentes e módulos de qualidade comprovada dos seus fornecedores e então montar seus automóveis no menor prazo possível. Entregavam veículos de qualidade aos clientes e recebiam pagamento integral, em muitos casos ainda em tempo de pagar seus fornecedores com dinheiro recém-recebido do cliente. Podendo encomendar componentes e construir carros antes de precisar pagar seus fornecedores, a Toyota não precisaria recorrer a empréstimos financeiros. Conseguiria ganhar dinheiro usando o dinheiro dos clientes.

Foi por força da pura necessidade que o maior acréscimo (JIT) ao grande sistema de produção acabou se formando. Não existe outro sistema capaz de criar fluxo e gerar dinheiro com a mesma rapidez do JIT. Sob a liderança de Ohno, o JIT foi transformado e aperfeiçoado até chegar ao estágio de um sistema único de controle de materiais e informações que se mostrou muito mais simples que as operações gerenciadas e programadas ao típico estilo norte-americano.

O JIT não é um sistema de estoque zero. Um sistema de estoque zero exigiria igualdade em processamento de tempo de ciclo, processos altamente estáveis, proximidade física e pequeno ou nenhum tempo de *setup*. Podemos ter, hoje em dia, algumas operações para as quais precisamos produzir componentes com alguns dias de antecedência. Mas, à medida que aplicamos os princípios do STP, o montante feito antecipadamente irá diminuir radicalmente. É possível fazer cada componente em quantidades cada vez mais reduzidas. E o montante posteriormente deverá reduzir-se a zero. A beleza do sistema JIT com pequenos estoques estratégicos é que o sistema pretende permanecer abastecido por meio de sistemas de reposição rápida, em relação aos sistemas de produção "empurrada", com grandes estoques que quase sempre sofrem a falta de alguns componentes.

Já ouvi esta pergunta antes: "Por que preciso esperar até fazer meu componente? Chegará o momento em que ele será necessário, não é verdade?". A resposta é: "Você precisa esperar". Fazer alguma coisa antes que ela se torne necessária é o desperdício da superprodução. Esta é sempre a coisa errada a fazer.

Produzir pequena quantidade de estoque de segurança não parece errado. Mas, em uma máquina gargalo, você recém fez componentes para alguma montagem que não pode ser embarcada hoje, *em vez de* fazer algo que poderia ser embarcado. Desperdiçamos nossa capacidade em outras coisas, simplesmente porque ficou mais fácil produzir mais subcomponentes hoje.

Pior do que isso, porém, é que quando permitimos que os funcionários produzam em excesso, eles não estão fazendo a parte mais importante de um sistema de produção puxada: parar para ajudar os outros! As peças produzidas em excesso não irão nos ajudar a satisfazer as necessidades dos clientes hoje. Em vez de fazer mais peças (e encher seu cliente interno com peças), eles precisam parar de fazer aquilo que estão fazendo, dirigir-se ao cliente interno e passar a ajudá-lo! A coisa certa a ser feita é parar e ajudar.

Fazer produtos com antecipação pode igualmente encobrir muitos outros problemas e desperdícios existentes. Quando você tem estoque em demasia, as peças esperam, as pessoas esperam, os trabalhadores deslocam estoques de um lado para outro, peças com defeitos permanecem guardadas, e os funcionários são redirecionados para encontrar peças e contar entulho. Eu já vi encarregados de estoques procurarem peças durante horas. O sistema computadorizado de estocagem mostra que temos essa peça, mas não conseguimos encontrá-la. Observe as suas empilhadeiras durante algumas horas. Quantas vezes elas passam vazias, procurando por alguma coisa?

❖ Fluxo contínuo

Um curso d'agua em fluxo contínuo não é contido nem se acumula. A água continua avançando. O mesmo vale para a produção e para os sistemas do chão de fábrica a montante. O princípio do fluxo busca produzir e fazer avançar um item por vez (ou um pequeno lote de itens) em uma série de etapas de processamento produzindo apenas o que a etapa a seguir requer. Nada de paradas. É também chamado de fluxo unitário de peças, fluxo de peça única e de faça-uma-e-movimento. A persistência do fluxo é o objetivo. Se você examinar o conjunto de princípios e ferramentas do STP, verá que o fluxo é a melhor das ferramentas. O fluxo seria igual a uma enorme serra que se destaca por ficar para fora dos dois lados de uma caixa de ferramentas devido ao seu tamanho. Isso ajuda você a manter o produto em movimento ao invés de parado.

Um bom mantra para descrever este princípio é "fluir para onde você pode e puxar onde você deve (e jamais empurre)!". O fluxo é a meta. Muitas vezes, testemunhei o impacto causado por líderes emitindo cartões *kanban* em um sistema de produção. Em vez de mudar o *layout* para conseguir fluxo, os trabalhadores simplesmente imprimem (montes de) cartões *kanban*. O *kanban* é destinado a controlar e limitar a produção. Permitir que os trabalhadores imprimam cartões em excesso anula esse objetivo. E essas fábricas raramente buscam o fluxo unitário de peças, uma vez instalado o *kanban*, por entender que já são *lean*. O importante, porém, é continuar tentando atingir o fluxo unitário de peças até você se esgotar mentalmente.

A produção em pequenos lotes é às vezes usada como se fosse em fluxo. A produção de pequenos lotes é o processo de produzir economicamente uma variedade de itens em pequenas quantidades, ao invés de produzir itens em grandes lotes. Leia, por favor, a história "*Kanban* é o Mal" para mais detalhes sobre o fluxo de unitário de peças.

❖ A produção puxada

O processo de produção puxada, é um princípio ímpar da Toyota e é ligado ao fluxo. Como outros princípios na casa, dependem um do outro. Se não puder implementar o fluxo, você precisará instalar algum tipo de sistema puxado. Outra alternativa é passar os produtos para o processo seguinte sem conferir se são realmente necessários. O sistema de produção empurrado, ou "programado", irá então ocupar todo o espaço disponível com peças e estoques do excesso de produção. Os sistemas de produção empurrados normalmente exibem problemas de qualidade e outras formas de desperdício. Sem os sistemas de produção puxada, você estará produzindo em excesso.

Em um sistema de produção puxada, o trabalho realizado em cada estágio do processo é realizado exclusivamente pela demanda de materiais do estágio imediatamente seguinte. Para diferenciar, em um sistema de produção empurrada, o material é sempre empurrado para os processos à jusante, não importando a disponibilidade de recursos ou a necessidade de material. Em um sistema produção puxada, o material é transferido para o processo seguinte conforme a necessidade.

Um bom exemplo de sistemas produção puxada é um simples quadrado pintado no chão da fábrica, em frente ao processo seguinte, no qual um contêiner de peças em processamento pode ser armazenado. Se o quadrado definido (ou quadrado *kanban*) estiver vazio, o processo de abastecimento irá providenciar seu preenchimento com a quantidade de peças necessárias até ser completado. Se estiver cheio, o processo de abastecimento não produzirá mais nada. O trabalhador espera por um sinal para produzir outra peça, ou vai ao processo do cliente e tenta dar alguma ajuda. Mesmo em processos que não são de manufatura, os sistemas de produção puxada simplesmente evitam que você produza em excesso ou deixe de suprir as respectivas necessidades. Isso força o trabalhador no processo de abastecimento a pensar: "Estará o meu cliente interno pronto para o meu trabalho agora?". Se a resposta for negativa, o trabalhador não produzirá mais daquele item até o seu sistema de produção puxada sinalizar pedindo mais.

O envolvimento prévio do fornecedor estava na fundação. Mas, pode-se argumentar que com isso precisaria estar também presente no pilar do JIT. Este argumento poderia ser feito igualmente com vários outros princípios. É absolutamente crucial assegurar a imediata disponibilidade de todas as peças que entram nas montagens finais, para manter a continuidade do fluxo.

❖ Tempo *takt*

Um elemento crítico do JIT é o tempo *takt*. Trata-se do ritmo da produção necessário para satisfazer a demanda dos clientes. O cálculo do tempo *takt* é o tempo médio disponível para produção em um período (um turno ou um dia de trabalho) dividido pela demanda dos clientes naquele mesmo período. Se uma fábrica tiver 7,5 horas disponíveis a cada turno e os clientes demandarem 250 peças de um determinado modelo a cada turno, o tempo *takt* será de 1,8 minuto por peça (7,5h x 60min/h/250 peças). Isso significa que a sua linha ou célula de produção precisa produzir uma peça a cada 1,8 minuto a fim de suprir a demanda existente. Usado com o princípio JIT, isso significa que não precisamos produzir peças em tempo mais rápido que 1,8 minuto, e que cada trabalhador deveria estar trabalhando em um tempo inferior 1,8 minuto em cada peça, em média, para que o volume de trabalho esteja balanceado.

Pode-se usar o tempo *takt* para projetar e balancear tarefas para cada trabalhador. Ele também pode ser usado para projetar células e linhas.

❖ Células

As células são uma forma particular de fluxo unitário de peças que fortalece o JIT. As células são ferramentas padronizáveis, mas sobre as quais vale a pena alguma discussão aqui. Quando se elaboram produtos um por um em uma célula, o *lead time* (ou tempo de atravessamento) vai sendo reduzido ao mínimo possível. O cliente fica satisfeito, e se maximiza o índice de geração de dinheiro pelo sistema. Uma célula não requer necessariamente um *layout* em forma de U e sentido anti-horário. Mas isto pode ser o ideal em alguns sistemas de produção de médio a alto volume. Células de processos administrativos e de trabalhadores com conhecimento (como o desenho de novos produtos) podem também ser projetadas para atingir os mesmos objetivos. Quando os trabalhadores ficam visíveis (gestão visual) uns para os outros, a produtividade, a qualidade e a comunicação ganham impulso. Quando uma equipe elabora um produto completo para um cliente sem deixar a área, acaba gerando satisfação com o trabalho e *lead times* cada vez mais reduzidos.

❖ *Kanban*

A tradução mais comum de *kanban* é "cartão de sinalização". Tem origem no primitivo cartão de reabastecimento que um estoquista usa para reabastecer as gôndolas dos supermercados. Como as células, trata-se de uma ferramenta adaptável, mas merecedora de alguma discussão em função de sua utilidade na consolidação do JIT. O *Kanban* é uma ferramenta específica do princípio de puxar a produção. (Nota: pronuncia-se "kahn-bahn".) Ele autoriza a produção nas operações mais próximas do cliente. Ninguém pode iniciar a produção sem essa autorização para produzir. Ele basicamente puxa materiais pela fábrica.

Um *kanban* pode ser um cartão, uma bandeira ou mesmo um sinal verbal. Na maioria das vezes é usado com contêineres de tamanho padrão. É possível acrescentar ou remover cartões ou sinais *kanban* quando a demanda é modificada. Há pessoas que equivocadamente pensam que o *kanban* é *a solução* para o fluxo de materiais. Pensam que mais cartões *kanban* tornam qualquer sistema mais enxuto. Na verdade, o aumento dos cartões *kanban* faz qualquer sistema *engordar!* Cada *kanban* representa estoque, e estoque é desperdício. Eles são meramente parte de um sistema que puxa materiais para o ponto em que serão utilizados, sendo o objetivo sempre minimizar os estoques necessários.

❖ *Setup* rápido ou Troca Rápida de Ferramentas (TRF)

Shigeo Shingo, professor de Engenharia Industrial e mais tarde consultor da Toyota, desenvolveu os princípios da Troca Rápida de Ferramentas (TRF), em 20 anos de trabalho. A meta de completar todos os *setups* em menos um dígito (10 minutos ou menos para as máquinas mais complicadas) é um grande objetivo. E é possível! A TRF comprovou sua eficiência em inúmeras empresas, mediante a redução dos tempos de *setup* (valor não agregado ou tempo perdido nos equipamentos gargalo) de horas, como era antes, para menos de 10 minutos.

Os funcionários da Toyota são responsáveis pelos seus próprios *setups*. Isso ajuda a reduzir o desperdício porque todo o *setup* é tempo de valor não agregado para o cliente. Os *setups* ocupam valiosos equipamentos e tempo de trabalho. Uma vez perdido esse tempo, jamais será recuperado.

Como as células, a TRF é uma ferramenta sob medida, merecedora de uma boa discussão em função de sua utilidade na consolidação do JIT. A TRF busca a redução o tempo perdido entre as etapas do processos agregadores de valor. Busca também diminuir o tempo perdido em função das trocas de ferramentas. Estabelece que é sempre possível reduzir ainda mais os custos do *setup* mediante a redução do tempo para a realização do mesmo. A redução desse tempo de *setup* é um pré-requisito para a redução do tamanho dos lotes.

A TRF é um método simples de cinco passos, cujo primeiro é relacionar todas as atuais atividades de *setup* e rotulá-las como "I" ou "E", ou seja, atividade "interna" ou "externa". Um *setup* interno consiste em atividades que *precisam* ser realizadas enquanto a máquina está parada. Um *setup* externo consiste em atividades que podem ser realizadas enquanto a máquina continua operando. O segundo passo é converter o maior número de atividades atualmente internas em externas (antes ou depois de a máquina estar parada). O terceiro passo é reduzir ainda mais as atividades internas, o quarto passo é reduzir as atividades externas, e o quinto passo é eliminar totalmente o tempo de *setup*.

❖ Minhas histórias mais interessantes sobre JIT

As histórias a seguir proporcionam ao leitor um melhor entendimento das ferramentas do **pilar do JIT**. Por favor, faça a sua leitura com a maior atenção e reflita sobre as perguntas formuladas ao final de cada uma delas.

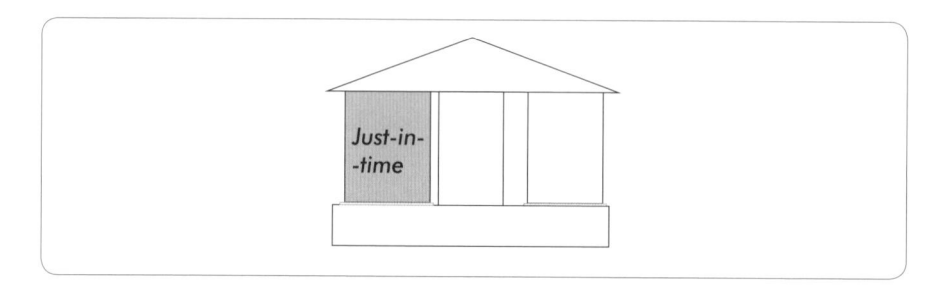

> **Onde é... fábrica? (33)**
>
> "Os gerentes tentarão qualquer coisa fácil que não funciona, antes de tentar alguma coisa difícil, mas que funcione."
>
> Jim Womack

Fui convidado a participar de um *workshop* em Indiana, realizado por uma empresa de consultoria que chamarei de Takasui. Eles cobram muito para organizar um evento *kaizen* de uma semana, que vale cada dólar pago. A propósito, eles embarcarão em uma limusine, dali para o aeroporto e de volta ao Japão e cobrarão a conta integralmente se o líder da unidade local abandonar o evento mesmo que seja por um minuto só. O líder do *workshop* era um antigo gerente de fábrica da Toyota chamado Koji.

Enquanto o agitado gerente de fábrica da empresa fabricante de peças automotivas caminhava em frente ao projetor, Koji saiu da limusine. O gerente da fábrica tratou de conduzir gentilmente Koji para a sala de conferências, onde esperavam por ele salgadinhos, doces e os *slides* da "história do sucesso" da empresa. Koji, porém, não estava ali para saborear *donuts* nem para ouvir autolouvações. Ele passou pela sala de conferências, de pasta na mão, e seguiu em direção ao chão de fábrica.

O gerente da fábrica gritou, "não fiquem aí parados, tratem de acompanhá-lo!". Assim, a mamãe pata e seus patinhos formaram uma fila para seguir o cavalheiro japonês mais idoso e magrela em direção à fábrica. O gerente da fábrica abriu caminho até o começo da fila e passou a recitar as boas coisas que sua fábrica estava realizando, ao mesmo tempo que tentava seguir o ágil Koji. Falou de doações para a United Way, congressos de escoteiros na entrada, lauréis de qualidade atribuídos à empresa sob o seu comando, e assim por diante. Koji abriu as portas duplas principais para a fábrica e se deteve, de repente. A fila toda dos "patinhos", surpreendida pela parada repentina, amontoou-se uns sobre os outros. O gerente da fábrica exclamou: "Bem-vindo à minha magnífica fábrica!".

Koji olhou de novo, fixo, para a fábrica, sem sair de onde estava. Então, seu sotaque japonês mais acentuado que nunca, perguntou: "Onde... fábrica?".

O gerente pensou consigo: "Milhares de dólares para isto? Ele mal fala inglês e fica olhando para a minha fábrica e perguntando onde ela está?". O que é mesmo que fazemos, nos Estados Unidos, quando alguém não nos entende? Sim, é claro, falamos *mais alto* e *mais lentamente*. O gerente da fábrica, vamos chamá-lo de Joe, replicou: "Esta é a minha **fábrica**, Koji, é aqui que trabalhamos. Temos tantos mil metros quadrados e centenas de pessoas trabalhando aqui. Esta é a minha (muito alto) **fábrica**!".

Como se não tivesse ouvido coisa alguma, Koji perguntou outra vez: "Onde é... fábrica?".

Joe revirou os olhos.

Quão paciente teria sido o seu chefe a essa altura?

Ele repetiu com ênfase ainda mais acentuada: "*Esta é minha **f-á-b-r-i-c-a**. Koji, você está vendo aquele canto da fábrica à sua esquerda?*".

Koji respondeu com um simples: "hai!".

(NOTA: Isto pode significar apenas que o seu convidado o ouviu; por favor, não confunda esta palavra com qualquer manifestação de concordância com o que você estiver falando.)

Joe continuou: "Tudo aquilo ali, até o canto de trás, é matéria-prima, matéria-prima. Você enxerga aquele canto à direita?".

"Hai."

"Da esquerda à direita, por trás daquelas prateleiras, estão todas as nossas montadoras. Isso é tudo trabalho em andamento, trabalho em andamento. Você está vendo aquele canto mais próximo, à sua direita?".

"Hai."

"Dali até a garagem dos caminhões, por trás daquelas prateleiras, está nossa linha final de montagem e produtos acabados. Ali vai um caminhão. Vrum, vrum. Tchau, tchau!"

Joe uma vez mais exaltou o tamanho das instalações e o número dos funcionários.

E disse uma vez mais, com grande ênfase: "*Esta é a minha **f-á-b-r-i-c-a**!!!*".

Koji fez, outra vez, a mesmíssima pergunta: "Onde é... fábrica?".

Joe parecia querer chorar.

Ele se lamentou: "Koji, estou tentando esse tempo todo dizer a você. Esta é a minha fábrica. Você não acredita em mim!".

Koji falou muito claramente: "Não vejo fábrica nenhuma! Vejo depósito grande. E, por falar nisso, você não está muito bem!".

(Observe.) Ele estava certo. Do ponto em que se encontrava, não conseguia **ver** máquina ou operário algum que agregasse valor. Até onde os olhos alcançavam, víamos prateleiras e mais prateleiras de estoque, que é desperdício. Quatro caminhões andavam por ali sem nada em seus guindastes, e alguns dos motoristas pareciam até adormecidos. De onde estávamos, a impressão era a de um depósito muito mal gerenciado. Koji dizia a pura verdade.

De volta ao hotel, naquela tarde, depois do jantar e do caraoquê, perguntei a Koji se ele se disporia a me ensinar a ser um facilitador do STP. Koji disse:

"Steve-san, você muito engraçado. Eu ensinar uma ferramenta muito técnica do STP. Chamo essa ferramenta de *teste dos olhos semicerrados*." Koji espalhou o *layout* da fábrica no chão, destacou as máquinas agregadoras de valor e as linhas de montagem em amarelo. Então recuou e falou: "Agora, vamos ao teste dos olhos semicerrados". Perplexo, perguntei: "O que eu faço?". Ele me dirigiu um olhar impaciente e exigiu: "Você fica de olho no desenho. Examina tudo com os olhos semicerrados".

Depois de alguns momentos com os olhos vidrados no *layout* marcado, tive de perguntar: "O que estou procurando?".
Koji me olhou como seu fosse um idiota, e disse simplesmente: "Amarelo".
(Pausa.)
Bom, estou vendo!
Koji disse: "Até essa fábrica passar a ser mais de 75% *amarela*, tudo o que teremos aqui serão depósitos muito malcuidados".

Koji queria que eu enquadrasse o *layout* com meus próprios olhos. Exatamente como todas as ferramentas STP ou *lean*, Koji tentava me ensinar a identificar o desperdício. Da mesma forma que com Mapas de Fluxo de Valor, ou gráficos de setores de agregação de valor em um dia, Koji estava me ensinando um princípio fundamental de avaliação do STP. Mesmo o espaço de chão pode ser medido em termos de **percentual de valor agregado**! Mesmo o espaço de chão precisa ter mais valor agregado a cada dia. Que lição, senhores!

Nota: Quem for a esta fábrica no Estado de Indiana hoje, irá constatar que eles aumentaram as vendas em quase 10 vezes sem acrescentar um metro quadrado de espaço sequer, ou até mesmo um trabalhador a mais!

- Aplicação e reflexão: focalize o *layout* de sua fábrica da maneira até aqui descrita – apenas equipamento e áreas de valor agregado. Quanto de *amarelo* esse foco apontaria?
- Qual é o valor percentual do valor agregado do seu espaço? Se você definir uma meta de duplicá-lo, por onde iria começar?
- Se você contasse com o espaço, pessoal e algum equipamento liberado para tanto, quão difícil seria gerar algumas vendas adicionais? O que é preciso ocorrer em primeiro lugar? Você tem espaço para aumentar as vendas em seu plano?

- Qual é o seu percentual de valor agregado para todos os processos críticos para a produção de um produto (ponta a ponta)? Você faz uso de Mapas de Fluxo de Valor para ajudá-lo a abrir este caminho?
- Qual é o seu atual rendimento ou lucro por metro quadrado?

Necessário reduzir estoque pela metade, ou predisposição para a ação (34)

"Fiquei impressionado com a urgência de agir. Saber não é o bastante; precisamos aplicar. Querer não basta; precisamos fazer."

Leonardo da Vinci

Quando por fim deixamos Koji, ele estava parado na porta da fábrica, maleta de executivo na mão, sempre dizendo: "Onde a fábrica?". Ele se encaminhou com rapidez para a parte traseira da fábrica, como se não acreditasse que quaisquer máquinas ou processos de agregação de valor existissem ali. Depois de ver as máquinas de modelagem, relaxou um pouco e então olhou para as fileiras de quatro paletes com toneladas de moldes estocados (WIP). Joe disse então uma das coisas mais estúpidas que já ouvi. "Vejo que o senhor está admirando minhas prateleiras bem rotuladas de WIP. Nós implementamos o 5S em todo o nosso estoque operacional!". (**Nota:** Ver a história "Moscas Mortas" na seção de Fundações.)

O gerente havia reservado espaço para cada tipo de peça em andamento naquelas prateleiras, rotulando-as com todo o cuidado. Quando você reserva espaço, precisa de espaço suficiente para o número *máximo* de peças que puder estocar em um ano. Todo estoque é desperdício e deveria ser reduzido, jamais rotulado.

Joe narrou com orgulho, enquanto caminhava em meio aos estoques: "Estoques de produtos em elaboração das máquinas matrizes são armazenados em todas essas prateleiras. Mantemos todas as Peças Número 123 aqui; todas as Peças Número 125 aqui...".

Koji não estava entendendo.

Mirava, com os olhos arregalados, a primeira prateleira.

E perguntou: "Todas as Peças Número 123 estão aqui?".

Joe disse: "Exatamente. Nós mantemos todo o estoque de peças Número 123 aqui".

Koji afirmou, alto e claro: "Precisa cortar metade do estoque".

O gerente da fábrica deveria estar pensando: "É para isso que estamos lhe pagando: para nos ensinar a fazer isso".

Joe disse, lentamente: "Muito bem. É uma boa ideia".

Koji parecia esperar por uma resposta diferente.

Ele repetiu: "Precisa cortar metade do estoque!".

Joe, espantado, replicou: "Eu entendi quando você falou isso na primeira vez".

A única maneira de descrever o que ocorreu a seguir é a palavra *sumô*. Koji, o magrelo, bateu um pé no chão, depois o outro, gritando: "Precisa cortar metade do estoque!". O gerente de fábrica, que já havia passado pelo primeiro vexame, não admitia ser novamente constrangido por aquele homem tão franzino. Ele bateu um pé no chão, depois o outro, e gritou: "Eu disse que ouvi você da primeira vez!". Koji deu um sorriso. Estava claro que se divertia com a situação. De repente, Koji gritou enquanto batia um pé depois do outro no chão e repetia, diversas vezes: "Precisa cortar metade do estoque!". O gerente de fábrica, enquanto tirava um caderno de anotações do bolso, falava: "OK, OK, Koji. Relaxe. Vou anotar tudo."

(Cena mais rápida.) Koji jogou sua pasta de executivo no chão, sacou uma serra sabre que corta metal, ligou-a em um soquete em uma coluna próxima à prateleira do estoque, ergueu-se até onde foi possível e começou a cortar o poste de sustentação da prateleira de armazenagem cheia de toneladas de paletes lotados. Joe deu voltas como se fosse agarrar Koji pelo pescoço, mas optou por pedir ajuda e só então agarrar Koji. Foi uma cena surreal. Eu recuei, pensando: "Essa prateleira vai desabar, esse homem vai morrer e chamam a isso de *kaizen* – até que é divertido!".

Joe fez de tudo para afastar Koji daquele cenário, mas Koji simplesmente voltou e continuou cortando. Até que, enfim, Joe afastou Koji das prateleiras repletas e chamou um operador de empilhadeira, mandando-o esvaziar as duas filas superiores de paletes das prateleiras. Koji ficou ao lado, ainda acelerando a serra. Quando o último palete foi retirado, Koji sorriu e continuou a cortar os quatro suportes das prateleiras. Todos apenas ficamos observando enquanto o operador da empilhadeira removeu com cuidado a parte superior de uma prateleira muito bem rotulada de estoque de Peça 123 para fora da fábrica. Quando ele terminou o serviço, Koji proclamou: "Estoque cortado *pela* metade! Podemos agora começar o evento *kaizen*!".

Mais tarde, naquela noite, depois do teste dos olhos semicerrados, disse a Koji: "Você poderia ter morrido ali fora."

Ele respondeu: "Nada disso, Steve-san, eu acreditava que ele pudesse me conter".

Brinquei: "Você humilhou o homem duas vezes em apenas 10 minutos. Acho que ele gostaria muito mais de ver você morto!".

Koji disse: "Steve-san, faço isso *cada vez* que entro numa nova fábrica! É a minha *assinatura*!".

(**Nota:** Se você encontrar um consultor Takasui, trate logo de examinar a pasta de executivo dele!)

Koji então perguntou: "Você quer de verdade ser um facilitador STP?".

Respondi: "Quero, é isto que quero ser".

Ele então me disse: "Então você precisa ter um pouco de loucura. Os americanos parecem que estão sempre grudados nas cadeiras durante os eventos *kaizen*. Eles sempre sentam e começam a comer biscoito; comer biscoito. Você precisa conseguir *desgrudá-los* dessas poltronas em direção ao chão de fábrica, onde tudo que é realmente importante acontece".

E continuou: "Você precisa de uma **predisposição para a ação**, ou nada será feito."

Ele tinha razão.

Espere até ouvir o que Koji fez no *workshop* seguinte!

Nota: Uma citação do meu *sensei* Bo Shimono: "Quanto mais rápido, melhor."

- Aplicação e reflexão: você conseguiria reduzir à metade algumas de suas prateleiras ou áreas de estocagem? Por que, ou por que não? Por que não fazer isso hoje mesmo?
- Se você restringir fisicamente as únicas áreas em que armazena estoques, como reagiriam seus sistemas de produção? Seria preciso auditar com frequência essas áreas para evitar a superprodução?
- Você tem planos para reduzir todos os níveis de estoque? Como está o andamento deles?
- É verdade que participantes de um evento *kaizen* preferem permanecer numa sala de conferências, às vezes comendo biscoitos? Por quê? O que você poderia fazer para levá-los ao lugar onde ocorre o trabalho?
- Não esqueça, segurança em primeiro lugar.

Capítulo 3 – Pilar do *just-in-time*: princípios e histórias

> **Uma porta aqui! (35)**
> "O impossível é sempre aquilo que não foi tentado."
>
> Jim Goodwin

Cerca de um mês depois daquele famigerado incidente do corte das prateleiras, recebi um telefonema da coordenadora de STP da fábrica de Indiana.

Disse ela: "Ele voltou!".

"Quem?"

"Koji."

Eu, desconfiado: "Você examinou a pasta dele?".

"Examinei. Desta vez, nada além de papéis."

Eu, curioso: "O que houve?".

Ela esclareceu: "Você recorda como as peças moldadas em borracha são levadas da prensa para as células de rebarbação pelo caminho em torno da parede até a velha extensão?".

"Sim", respondi.

E ela: "Koji estava fazendo um 'Jeffy Walk' da prensa 1, em torno da parede, de volta à Célula de Rebarbação 1...".

(**Nota:** Cada ferramenta do STP tenta destacar o *desperdício*, a fim de que os integrantes da equipe consigam reduzi-lo. Uma ferramenta do STP é mapear os passos que uma pessoa ou material realiza ao longo do chão-de-fábrica com linhas tracejadas. Alguns facilitadores STP chamam isto de "diagrama espaguete", pois todas as linhas superpostas acabam parecendo como o espaguete em um prato.)

Outros, como eu, chamam isso de um "Jeffy Walk", por causa de um tema repetido seguidamente na tirinha americana "Family Circus" (*copyright* King Syndicate). Para onde quer que Jeffy ou seu irmão mais velho Billy caminhem, deixam uma trilha de linhas tracejadas por todo o decorrer do desenho. Isto pode ser divertido. Eu desafio o leitor a desenhar movimentos de trabalhadores ou materiais de cada processo importante em sua fábrica. Jeffy está na sua fábrica! Precisamos encontrá-lo e nos livrar dele, pois excesso de movimentação de peças ou trabalhadores representa enormes desperdícios em um sistema de produção *lean*!

Koji, portanto, estava fazendo um "Jeffy Walk" entre a moldagem de borracha e as máquinas de rebarbação. Ele andava da prensa de moldagem de borracha todo o caminho em torno da parede até cerca do mesmo ponto atrás da parede. Parava ali e refazia seus passos, contando em japonês durante o retorno, "ichi, ni, san, shi, go, roku, shichi..." Ele parava na abertura junto à parede do fundo, olhava para trás na direção do segundo conjunto de máquinas e começava a contar de novo ao longo da parede o caminho todo até a primeira máquina. Cada contagem terminava quase sempre no mesmo número. Ele olhava para a parede. As duas operações ficavam distantes apenas alguns metros uma da outra, mas eram separadas por aquela parede.

Koji disse: "Porta, aqui".

O gerente da fábrica falou: "Você está certo, Koji. Deveríamos colocar uma porta aqui".

Koji fez uma pausa e repetiu: "Porta, aqui!".

O gerente da fábrica pareceu outra vez perplexo e disse: "É uma boa ideia, Koji. Nós estamos planejando justamente essa porta".

Sumô! Koji repetiu pela terceira vez, batendo o pé: "Porta, aqui!". O gerente da fábrica cometeu outra vez o erro de repetir que tinha ouvido e então falou, já puxando um bloco de anotações do seu bolso: "OK, OK. Vou botar a ideia no papel."

(Acelerando.) Koji saltou em uma empilhadeira! Colocou-a em movimento, ganhou alguma velocidade e então investiu com os grandes garfos da máquina diretamente contra aquela parede de tijolos! Ele se sacudia no assento, balançou a cabeça e então saltou da máquina, espanando com as mãos a poeira de suas calças. Vendo o buraco que os garfos haviam feito na parede, sorriu com orgulho e disse: "Porta, aqui! Agora já podemos começar o evento *kaizen*".

Hoje, até mesmo eu sei que aquilo que ele fez foi uma loucura. Poderia, por exemplo, haver 440 volts atravessando aquela parede, poderia haver canalização de água, ou, mais importante ainda, poderia haver uma pessoa no outro lado da parede! De alguma forma, precisamos desenvolver uma **predisposição para a ação** segura, ou, do contrário, a resistência à mudança em qualquer organização impedirá que consigamos qualquer mudança positiva. Mais uma vez, por favor, não façam algo perigoso em sua fábrica. Mas **TENHAM** predisposição para a ação.

Nota: Aquela empresa de moldagem transformou suas operações com grande sucesso nos anos seguintes. Posteriormente descobriram uma ferramenta de planejamento chamada Mapeamento do Fluxo de Valor. Em seu primeiro evento com essa ferramenta, os trabalhadores e os líderes chegaram a um método em que o operador da máquina de moldagem colocava as pequenas peças de borracha diretamente em uma versão minimizada da grande máquina de rebarbação. Era muito parecida com um antigo brinquedo de criança chamado "João Bobo" que sempre fica de pé. A empresa de moldagem nem precisou mais da porta. Todas as operações, inclusive a embalagem, passaram a ser completadas ali mesmo, na máquina de moldagem!

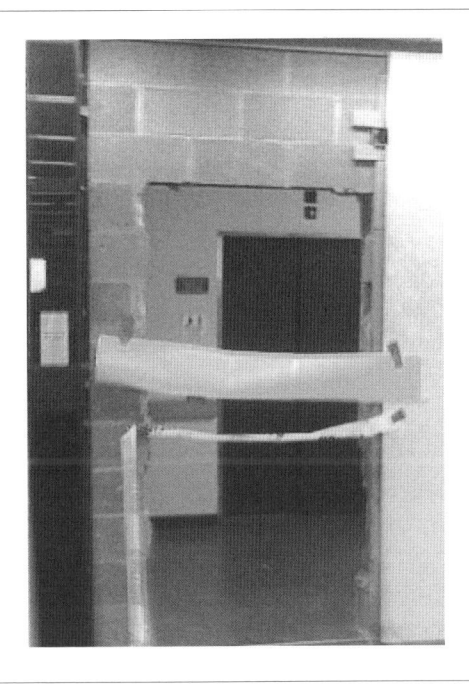

Figura 3.1 Uma nova passagem, mas não *aquela* porta.

- Muito bem, confesso que foi uma loucura. Mas como se faz para desenvolver uma predisposição para a ação em seus líderes, em todos os seus trabalhadores?
- Quando foi a última vez que um funcionário seu apresentou uma ideia para melhoria? Quanto demorou para ser implementada? Por quê?
- Na próxima ocasião, implemente uma ideia de melhoria apresentada por um funcionário imediatamente. Qual seria o incentivo de semelhante decisão para a apresentação de novas ideias?
- Uma vez que a empresa de moldagem não precisou da porta desde seu primeiro evento de Mapeamento do Fluxo de Valor, teria sido boa ideia fazer uma porta entre os dois velhos departamentos? Por que, ou por que não?
- Pista: a Toyota sempre faz mudanças como essas, mesmo que seja apenas para incentivar os trabalhadores. A empresa procura implementar 90%, ou mais, das ideias de seus funcionários.

> **(Triangle Kogyo)** *Kanban* é o mal/*Kanban* é o distintivo da minha vergonha (14)
>
> "A melhoria contínua não se preocupa com aquilo que funciona adequadamente – isso é trabalho. A melhoria contínua se preocupa em eliminar tudo aquilo que se põe no caminho do seu trabalho."
>
> Autor desconhecido

Durante as noites em que estudava tudo sobre a Toyota, nunca perdi o desejo de aprender cada vez mais a respeito da bola do jogo – o sistema de produção puxada – e o *kanban*. Eu sabia que eles eram *a chave* para chegar a um sistema de produção eficiente. Como você calcula o número desses eventos? Como os implanta? Como você consegue manter um número adequado desses eventos? Eu tinha tantas perguntas...

Com algumas fichas no meu bolso para resolver problemas (ver Minha primeira ferramenta *lean* da Toyota, no Capítulo 5), fui na sala de Bo e bati.

Ele resmungou.

Eu entrei e disse, com o máximo de entusiasmo que fui capaz de demonstrar: "Shimono-san, por favor, me ensine o *kanban*".

Havia aprendido a parte do entusiasmo observando os assessores que trabalhavam com Bo.

Ele disse: "Não vou ensinar coisa nenhuma".

Mostrei a Bo um cartão de *kanban*: "Shimono-san, por favor. O *kanban* é a chave do sistema de produção que eu pretendo melhorar!".

Bo resmungou de novo e disse: "Deixe-me ver esse cartão" (um cartão amarrotado, enrugado).

Ele o tomou de mim e sentenciou: "*Kanban* é o mal", rasgando os cartões em duas metades!

Chocado, apanhei os pedaços no chão. Bo havia me contado, em outra ocasião, que cada cartão *kanban* valia US$100,00, e que o sistema seria interrompido em algum lugar se qualquer um dos cartões fosse perdido. E eu disse: "É o mal? Eu pensava que fosse a chave do seu sistema de produção!".

Bo apontou para o número no canto do cartão.
"Que número é esse?"
Eu respondi: "35" (35 peças por contêiner).
Ele disse: "Não! O que esse número representa?"
Eu: "Peças".

Bo: "Errado. O que esse número representa?".
Pensei e falei: "Estoque?".
Ele concordou: "Correto. E estoque é...".
Desperdício! Ou, o mal!

À medida que a luzinha se acendia no meu cérebro, ele dizia: "Enquanto você não remover o *mal* da minha fábrica, eu NÃO vou lhe ensinar *kanban*!".

Reagi: "Como?".

Ele disse: "Você irá puxar cartões um de cada vez de cada rota *kanban* e observar o sistema de perto. E, se fechar minhas linhas de produção, eu mato você!".

Saí da sala com um cartão *kanban* todo amassado, tentando pensar em como iria remover cartões de *kanban* e evitar a paralisação do sistema.

Na verdade, isso foi bastante fácil. Eu retirava os cartões e observava o sistema com toda a atenção. Pouco antes de o sistema ficar sem estoque (normalmente na extremidade do ciclo próxima ao cliente), colocávamos um contêiner de peças com um cartão *kanban*, um por um, até que o sistema voltasse a funcionar. Então tentávamos resolver o problema que estava causando a necessidade de mais estoque (normalmente tempo ocioso, lotes exagerados ou problemas com a qualidade). A partir daí, tentávamos puxar um cartão novamente no dia seguinte, depois de encontrada e implementada a solução. Esse tipo de simulação física mostrou-se um tanto divertida – exceto na parte em que Bo nos ameaçava de morte em caso de paradas sem solução. O sistema era muito mais acurado do que minhas simulações em computador. Esse trabalho deu-nos bastante satisfações imediatas, além de grande *feedback* sobre formas de reduzir os estoques.

Ao final de várias semanas de ajustes com cartões nivelados *kanban*, eu tinha um lote de cerca de 50 cartões *kanban*. Nada mal, pois o nosso sistema já era bastante *lean*. Voltei ao escritório de Bo com um grande sorriso estampado no rosto e um monte de cartões *kanban* ostentados com orgulho.

Com muito gosto, proclamei: "Shimono-san, consegui remover o mal da sua fábrica. Agora, por favor, me ensine o *kanban*!".

Bo rapidamente escondeu o sorriso que já se formava em seus lábios.

Ele disse, brusco: "Dê um cartão desses!".

Então, sumariamente, rasgou-o (outra vez!!!), sentenciando: "O *kanban* é o seu distintivo da vergonha!".

Eu quase caí de costas. Peguei o cartão e perguntei: "Como isso pode ser *meu* distintivo da vergonha? Estou aqui faz poucos meses!".

Ele disse: "Este cartão é para o sistema de produção puxada. Este cartão é a prova de que você não é esperto o suficiente para levar a operação para o estágio de *fluxo unitário de peças*. O *kanban* não passa de uma terceira opção, muito fraca, por sinal! O objetivo é sempre fluxo unitário de peças! Enquanto você não aprender a chegar ao fluxo unitário de peças, eu **não** vou ensinar o sistema *kanban*!".

Eu jamais aprendi qualquer coisa sobre o sistema *kanban* diretamente de Bo. Mas aprendi uma grande lição a respeito de buscar o fluxo unitário de peças como a opção *primária*. Muitas vezes, vi operações que claramente deveriam ter sido montadas como células de fluxo unitário de peças. Elas permaneciam desligadas entre si porque, em vez disso, imprimiam centenas de cartões *kanban*. Bo tinha razão. O *kanban* é uma terceira (ou quinta) opção, muito fraca.

As cinco prioridades de Shimono-san em fluxo e produção puxada

1. Fluxo unitário de peças
2. Fluxo unitário de peças
3. Mais tentativas de instalar o fluxo
4. Sistema simples de produção puxada como uma área definida de WIP (quadrado *kanban*) ou duas latas
5. Cartões *kanban* (eu perdi o primeiro em que toquei na Triangle Kogyo)

Figura 3.2 As cinco prioridades de Bo Shimono em fluxo e produção puxada.

- Você alguma vez tentou reduzir os níveis de estoques (matérias-primas, WIP ou produtos acabados)? Se tentou, o que aconteceu?
- Se alguém na sua fábrica chegasse a reduzir o estoque a níveis tão baixos que a produção fosse afetada por um período, o que teria acontecido? Por quê?
- Qual é a melhor forma, para você e suas equipes, de descobrir como reduzir os estoques?
- Usando o *kanban* em algumas operações, você entende que poderia estar usando *cartões demais*? O que poderá fazer para corrigir o problema?
- Em algumas operações, é possível aplicar o *kanban* quando o fluxo unitário de peças seria a melhor opção? O que você poderá fazer a respeito?

Quantos cartões *Kanban*? (15)

"Se a administração não está removendo o obstáculo, ela é o obstáculo!"

Autor desconhecido

Um apelido que conquistei na Admiral Engines foi o de "Homem dos Cálculos". Meu currículo em Pesquisas Operacionais era o ideal para a simulação de eventos descontínuos e aplicações prévias de Física Industrial.[1] Ocorre que a dependência a cálculos feitos na mesa de trabalho não era o método preferido de Bo.

Certo dia, encontrei uma equação para calcular o número de cartões *kanban* necessário em qualquer ciclo. Depois de pesquisar fontes de variação que lidavam com o fator (de correção) de segurança, rapidamente elaborei minha hipótese para a nova célula de Bo. Aquela seria a grande oportunidade de mostrar a ele minha rapidez de raciocínio e capacidade de aprender.

Depois de proclamar meu objetivo e tendo mostrado a Bo os meus cálculos, concluí: "Neste ciclo precisaremos de 24 cartões *kanban*".

Bo me olhou, carrancudo.

Ele disse: "Você vai começar com 13 cartões de *kanban*".

O quê? Comecei a defender meus argumentos, mas Bo não quis saber de mais nada.

Quando em dúvida (e sempre que contar com um *sensei* de confiança), faça o que ele lhe disser para fazer. Imprimi 13 cartões. Semanas depois, observamos todas as mudanças à medida que essa nova célula entrava em ação. Faltaram dois cartões *kanban*, que foram rapidamente inseridos.

- Como foi que Bo soube que 13 (ou um pouco mais) era a resposta certa?
- Se tivéssemos começado a nova célula com 24 cartões *kanban*, você acha que teria surgido alguma pressão positiva para reduzir ainda mais esse número?
- O que entra em fator (de correção) de segurança? Será que a palavra *variação* descreve com precisão algumas das outras? O que iria W. Edwards Deming, pai do movimento da redução das variações e um dos pioneiros na promoção do PDCA, dizer a respeito da variação?

> ■ Qual é a sua experiência em adivinhar o número de cartões com antecipação? Qual é o número correto?
>
> **Nota:** Uma vez estabilizado o sistema, Bo sempre me encarregava de um desafio no sentido de *remover o mal*. "Um a menos que hoje, Steve-san. E NÃO se atreva a interromper minhas linhas de montagem!".

Contradições do STP: mantenha menos ali (16)

"Se não mudarmos nossos padrões de pensamento, não seremos capazes de resolver os problemas que criamos com nossos atuais padrões de pensamento."
Albert Einstein

O Sistema Toyota de Produção (STP), ou *lean*, tem inúmeras contradições aparentes. Um deles tem relação com o volume de estoques armazenados para utilização pelos operadores. Certo dia, ficamos, uma vez mais, sem estoque na linha de montagem de assentos para automóveis.

Eu perguntei a Bo: "Shimono-san, nós poderíamos manter estoque adicional na célula dos trilhos de assentos? Vivemos ficando sem estoque!". Bo não perdeu tempo em redarguir: "Você irá manter MENOS estoque na célula dos trilhos de assentos". Tentei argumentar, como sempre, em vão. Nada disso. Mas, quando em dúvida, coloque-a em teste.

Os confusos trabalhadores da produção e dos materiais ficaram de olhos arregalados enquanto reembalamos todos os estoques internos em contêineres menores. Também diminuímos as prateleiras que sustentavam os contêineres em frente de cada operador (porta-caixas), de tal forma que somente cerca da metade do estoque existente pudesse ser armazenado na célula. Monitoramos a célula com muita atenção durante os próximos turnos de trabalho. Nada de falta de materiais. Eu tinha quase certeza de que nada aconteceu só porque estávamos monitorando. Disse ao líder da equipe e aos supervisores de materiais para me avisarem quando os estoques se esgotassem. Depois de duas semanas, fui forçado a admitir que tudo tinha funcionado bem.

Perguntei então a Bo: "Por que a remoção do estoque reduz a falta de materiais?".

Bo resmungou.

Depois de um longo silêncio, ele perguntou: "O que os trabalhadores fizeram de forma diferente com menos estoque?".

Pensei e falei: "Eles foram mais atentos e mais comunicativos com os encarregados dos materiais".

Bo perguntou: "O que os *encarregados dos materiais* fizeram de maneira diferente com menos estoques?".

Pensei durante um momento. Então uma lampadinha se acendeu no meu cérebro.

E balbuciei: "Eles se viram forçados a visitar cada posto de trabalho com maior frequência".

Bo quase sorriu.

Vitória!

Depois de um momento, Bo afirmou: "Agora vá lá ajudar os encarregados do material a reduzir o desperdício em suas rotas. Você não pode apenas repassar o desperdício para eles".

Maldição. Mais trabalho. Quando será que chegarei ao fim dessa melhoria contínua?

- E na sua fábrica, como estão as coisas? Vocês experimentam repentinas faltas de estoques? Já tentou manter menos estoque com mais comunicações e atenção por parte dos operadores? E entregas mais frequentes?
- O que fará se os encarregados dos materiais disserem que estão ocupados demais para visitar cada posto de trabalho com maior frequência?
- Não importa, tente. Reduza os níveis de seus estoques perto dos operadores, verifique qualquer problema imediato de entrega e então reduza o estoque uma vez mais. Em algum momento, você poderá cortar demais. Mas não há dúvida de que é um grande exercício testar uma das mais importantes contradições do STP.

A pedra que muito rola não cria limo (21)
"Você precisa comandar um sistema. Não há sistema que se comande sozinho."
W. Edwards Deming

Bo Shimono era muito habilidoso com as palavras. Ele também entendia os idiomas e as analogias do inglês norte-americano. Quando nos lançamos a um exercício de *layout*, parecia que estávamos dirigindo alguns departamentos de apoio com pouco significado para a empresa. Bo disse então: "Uma pedra que muito rola não cria limo." Nada contra. Nós é que deveríamos fazer esses departamentos andarem.

Um desses departamentos não havia jamais sido tocado desde o início da fábrica. Com isso, foram acumuladas enormes quantidades de desperdício. Além disso, em uma tentativa de chegar à "autossuficiência", haviam criado áreas de armazenamento, central de copiadora e impressão, salas de treinamento e até mesmo alguns enormes escritórios fechados, tudo isso em caráter de exclusividade, enquanto os demais departamentos estavam meio que amontoados em uma área aberta já superpovoada. Se uma pedra que rola muito não cria limo, então o oposto também é verdade. Uma pedra que não rola acaba criando uma montanha de *limo*.

Os resultados: espaços físicos reduzidos ao extremo. Muitos estoques foram eliminados e parte deles devolvido aos fornecedores para o bem geral da Triangle. Mas o maior resultado foi transferir o pessoal de apoio para junto dos clientes internos aos quais serviam. Isso liberou espaços para muito trabalho capaz de agregar valor.

- Descreva o *limo* que vai se acumulando em um departamento ou área.
- E você, o que pensa a respeito? Há quanto tempo cada departamento ou processo-chave de sua empresa foi, pela última vez, atualizado? O objetivo é não mexer em nada. O objetivo é perder o limo. Você se surpreenderia se soubesse quantas vezes seus funcionários giram em torno do limo todos os dias.
- Mudar o *layout* pode custar caro. Que tipos de ganhos ou benefícios potenciais existem ao movimentar itens de acordo com o fluxo otimizado? Você já tentou fazer algo parecido com os processos administrativos também? Tente uma célula de processos administrativos, reduza a transferência de competências e repita a experiência mais adiante.

❖ Notas

1. Hopp, Wallace and Mark Spearman, Factory Physics, Second Edition, New York: McGraw-Hill, 2001.

Capítulo 4

Pilar das pessoas: princípios e histórias

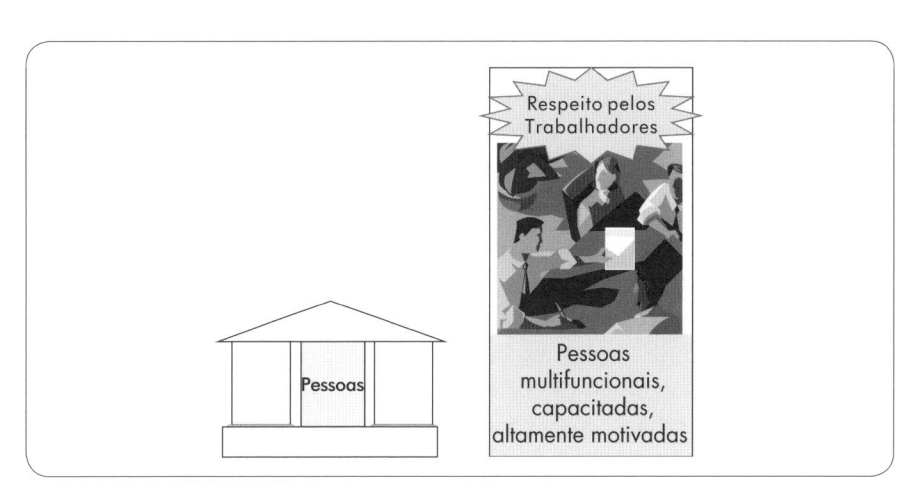

No único livro publicado pela Toyota a respeito do seu revolucionário sistema de produção, é enunciado:

> Criatividade pessoal e inovação são temas recorrentes na história do Sistema Toyota de Produção... Com o passar dos anos, centenas de milhares de funcionários em empresas da Toyota e seus fornecedores contribuíram com dezenas de milhões de ideias para melhorar seu próprio trabalho. Cada uma dessas ideias levou a uma melhoria real na produtividade, qualidade ou condições de trabalho. A maior parte dessas melhorias foi modesta, algumas foram espetaculares. Mas todas contribuíram para os continuados e cumulativos saltos de qualidade do Sistema Toyota de Produção.[1]

Os princípios do Sistema Toyota de Produção (STP) demonstram, sempre, respeito pelas pessoas. Quando uma mudança não reforça esse respeito, não deve ser implementada. Isso não significa que o STP seja tolerante com pessoas ou líderes sensíveis demais. O STP sempre supõe o melhor sobre as pessoas. No *poka-yoke*, ou à prova de erros, o trabalhador jamais leva a culpa. Os líderes ensinam os princípios da verificação de erros aos melhores funcionários e pedem a eles que ajudem a instalar soluções capazes de evitar erros. Eles acreditam que faz parte da função gerencial criar um sistema em que os indivíduos possam trabalhar à prova de erros. É este abrangente respeito pelos parceiros que dá forma ao pilar central do sistema.

Todas as ferramentas e princípios precisam ser conhecidos pelas pessoas que trabalham com eles todos os dias. Não apenas por alguma equipe de STP corporativo ou qualquer outra que vá na fábrica para algum tipo de projeto temporário. As ferramentas mais simples devem ser dominadas pelos trabalhadores reais nos seus locais de trabalho. É por isso que as pessoas são o mais importante ativo no STP. É também essa a razão pela qual a Toyota investe pesadamente em seu pessoal. Isto também faz sentido em termos financeiros.

❖ O poder das ideias

O modo de pensar característico do STP e da própria Toyota proporcionou à empresa uma vantagem competitiva em escala global. A Toyota é conhecida por sua cultura global de envolvimento e autonomia dos funcionários. Em um ano típico, os funcionários apresentam cerca de 700 mil ideias para melhorias. Cada uma dessas ideias acaba economizando dinheiro. E, mais importante ainda, 99% dessas ideias são implementadas.[2]

Sugestão não é o melhor termo para o sistema de geração de ideias da Toyota. O respeito da empresa pelos seus trabalhadores é tão forte que a aceitação das ideias é uma certeza. Quatro características marcam o sistema de geração de ideias da Toyota:

1. A aceitação de ideias é uma *certeza*.
2. Pague pelas sugestões (mas não pague demais).
3. Instrutores ajudam no aperfeiçoamento das ideias (os supervisores revisam as ideias, proporcionam rumos e acréscimos e ajudam no processo de transformar tais ideias em sucessos).
4. Implemente as ideias você mesmo (nada de burocracia para a avaliação de ideias).[3]

Os funcionários da Toyota são o motor da melhoria contínua. É sua criatividade que leva não apenas à inovação, mas também à lealdade à empresa e ao alto índice de satisfação. Os trabalhadores com um alto sentido de propriedade de seus processos elaboram grandes produtos. Além disso, funcionários não discutem contra suas próprias ideias.

Alguns anos atrás, conduzi um grupo de generais e civis de alto nível de um dos ramos de nossas forças armadas em um *tour* pela fábrica da Toyota em Georgetown, no Estado de Kentucky. Os líderes Toyota despenderam horas conosco depois do encerramento do giro, respondendo com paciência às mais variadas perguntas. Entre as muitas indagações feitas pelos nossos generais, uma ficou gravada em minha mente. Depois de ouvir que a Toyota treina um trabalhador durante cerca de seis semanas para aprender a fazer uma tarefa que se completa em cerca de 60 segundos, o general resmungou: "Isto é ridículo! Como vocês sustentam por tanto tempo o treinamento de apenas um funcionário?". O líder Toyota perguntou, por sua vez: "O que o senhor faz?". O general chefiava reparos em aviões. O líder Toyota mostrou-se ainda mais incrédulo com o fato de o general não treinar seus trabalhadores para cada tarefa durante mais tempo do que eles treinavam seus operadores para uma simples operação na montagem de um Camry. Afinal, muitas vidas dependiam do trabalho do pessoal de manutenção daqueles aviões.

Com o passar do tempo, as forças do trabalho vão mudando. Pessoas chegam e partem. Líderes também chegam e vão embora. Você tem uma forma sistemática de garantir que todos os trabalhadores sejam treinados e capazes de produzir um trabalho e produtos perfeitos todos os dias? Parece que as empresas têm medo do treinamento. O número de tarefas diferentes em uma função é muitas vezes reduzido ao mínimo, tarefas insignificantes, porque um novo trabalhador pode ser ensinado e preparado para produzir com rapidez. Quando os postos de trabalho são ampliados e se tornam mais importantes, leva mais tempo para desenvolver as habilidades de uma pessoa. O objetivo da Toyota é que cada trabalhador conheça todas as funções em uma equipe de trabalho de sete ou oito pessoas. O princípio é chamado de desenvolvimento de uma cultura de pessoas multifuncionais, capacitadas e altamente motivadas. Como você encara essa questão em sua fábrica?[4]

Cada um dos cerca de 20 princípios e ferramentas do STP precisa ser conhecido, usado e dominado pelas pessoas que trabalham de acordo com eles todos os dias. Não basta ter um grupo centralizado de algumas pessoas treinadas em STP. E certamente não é o bastante ter uma pequena equipe de cintos coloridos que se lança rapidamente para analisar e então determinar o que é preciso fazer. Quando os "*experts*" saem de perto, aos trabalhadores cabe não apenas fazer as mudanças funcionarem: eles são obrigados a buscar melhorias adicionais todos os dias. Como poderão fazer isso se não tiverem sido profundamente ensinados e treinados a respeito dos princípios e das ferramentas?

❖ Solução de problemas A3

Uma ferramenta STP utilizada no desenvolvimento de trabalhadores e líderes é a ferramenta de solução de problemas A3 e processo de raciocínio. Um A3 é simplesmente uma folha (normalmente uma folha de 11 × 17 polegadas, ou tamanho A3, padrão europeu) para planejar e resolver problemas. O método A3 surgiu na década de 1960 como uma forma de solução de problemas do círculo de qualidade. Na Toyota, evoluiu para se tornar o formato padrão da solução de problemas, propostas, planos e revisões de *status*. O mais importante a respeito dessa ferramenta não é propriamente seu formato, mas o processo e o raciocínio que a sustentam.

Um A3 e o processo de raciocínio que o cerca podem servir como uma ferramenta de aprendizado organizacional. Ela leva a efetivas contramedidas e soluções baseadas em fatos e dados, algo que fortalece o entendimento e conduz a acordos. Os trabalhadores podem ser ensinados a falar em termos de um A3. Os líderes deveriam requerer que os trabalhadores utilizassem este formato para problemas e situações em suas respectivas áreas. Ele agrega estrutura ao processo de desenvolvimento do trabalhador.

❖ Envolvimento e autonomia dos funcionários

Neste princípio, os funcionários não apenas têm *permissão* para melhorar seus processos de trabalho, como são obrigados a isso. Os funcionários recebem as chaves de suas áreas de trabalho e, com isso, uma declaração: "Confiamos em vocês. Façam mudanças de acordo com a direção dos objetivos. Iremos festejar o sucesso quando os atingirmos em conjunto." Isto é autonomia. Não se trata de algo que simplesmente se diz a um funcionário para fazer. A autonomia é, na verdade, a mais legítima propriedade de uma parte da empresa, com a confiança de que os funcionários venham a atingir seus objetivos.

Os funcionários são muitas vezes divididos em equipes, incluindo os supervisores, às vezes chamadas de Envolvimento dos Funcionários, ou, simplesmente, equipes *Kaizen*. Eles trabalham lado a lado em reuniões de melhoria e na linha de montagem como uma verdadeira equipe.

Aí está a "adesão pelo envolvimento" na aplicação do STP aos processos de trabalho.

❖ Minhas histórias mais interessantes do pilar das pessoas

As histórias a seguir pretendem proporcionar um melhor entendimento sobre o **pilar das pessoas**. Por favor, leia cada uma delas e reflita sobre as perguntas apresentadas ao final.

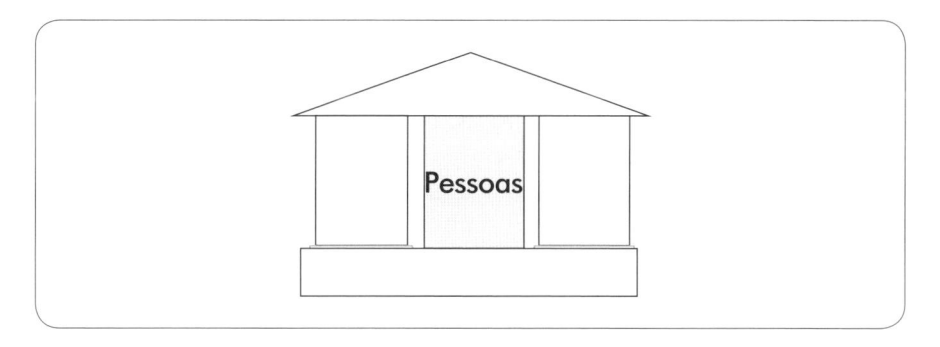

A experiência GUMBI (5)

"Não há necessidade de mudar. A sobrevivência não é obrigatória."

W. Edwards Deming

Uma das histórias anteriores contém uma pequena mentira. Contei ter trabalhado na pior fábrica da Admiral Engines (AE). Ali nós éramos, na verdade, a *segunda* pior fábrica em termos de produtividade e qualidade. A pior de todas, por larga margem, era a linha de montagem Demot[5], na Califórnia. Eles enfrentavam frequentes greves em que centenas de trabalhadores simplesmente abandonavam a fábrica sem qualquer aviso prévio.

A Demot, além disso, situava-se em uma área dominada por gangues de todos os tipos de bandidos, com grades nas janelas e portas. Casas arruinadas e chaminés expelindo fumaça escura, ali por perto, contribuíam para dar uma aparência assustadora à fábrica. Ouvi dizer que ocorriam inclusive tiroteios dentro da fábrica! Eu conseguia imaginar um gângster instalado dentro dos carros e disparando pelas janelas durante a montagem! Outra coisa que ouvíamos era que havia mais drogas, armas e prostitutas *dentro* da fábrica do que fora! A AE fechou aquela fábrica durante alguns anos, período durante o qual ouvi que as estatísticas sobre vários tipos de crimes melhoraram naquela área.

A Toyota pretendia usar o sistema de transporte da AE para entregar seus automóveis nos Estados Unidos. A AE tinha um brilhante sistema no qual os carros pareciam deslizar suavemente dos caminhões de entrega para os trens de transporte e de novo para os caminhões. Era um fantástico sistema de entrega. Em uma reunião a portas fechadas, os líderes da Toyota proclamaram: "Pagaremos preço alto em dólar para alugar parte do seu sistema de distribuição por caminhão e trem dos carros Toyota aos nossos revendedores nos Estados Unidos". Os líderes da AE disseram: "O que mais vocês nos darão?". Nossos líderes eram bons negociadores. Os líderes Toyota disseram: "Estamos dispostos a ensinar-lhes o Sistema Toyota de Produção (STP)".

Isso ocorreu em meados da década de 1980, quando era ainda muito escassa a literatura sobre o STP em inglês. Deixamos de lado qualquer comparação de produtividade com o estereótipo de que os trabalhadores da Toyota no Japão trabalhavam muito mais duramente que os nossos. Assim, o *estilo de gestão* deles nunca funcionaria nos Estados Unidos, e com certeza jamais daria certo em uma das nossas fábricas sindicalizadas.

Os líderes da AE então perguntaram: "O que precisamos fazer para aprender esta coisa do STP?".

A Toyota disse: "Basta nos entregar uma fábrica nos Estados Unidos e deixar administrá-la para vocês".

Os líderes da AE mais do que rapidamente perguntaram: "*Qualquer* fábrica?".

Ainda naquela reunião foram formalizados os acordos para reabrir e entregar a *maravilhosa* fábrica Demot à Toyota! A nova unidade passaria a chamar-se GUMBI[6] (*Great United Motor Builders, Inc.*). Os mesmos líderes sindicais de antes voltaram ao trabalho depois de três longos anos de demissão temporária. Um ano mais tarde, eles estariam fazendo os veículos de maior produtividade e mais alta qualidade em todas as Américas! Não eram os trabalhadores. Tinha de haver alguma espécie de magia no sistema de gerenciamento de produção da Toyota!

▪ O que aconteceria se sua pior fábrica fosse alienada e passasse a trabalhar com uma filosofia diferente de gestão? Os líderes iriam aderir à novidade ou tratariam de ignorar os resultados? Por quê?

- Por que você acha que a AE se mostrou tão disposta a entregar à Toyota a fábrica Demot? Os líderes da AE alguma vez imaginaram que a Toyota pudesse tornar os trabalhadores da Demot mais produtivos?
- O que você acha que os trabalhadores sindicalizados enfrentaram durante aqueles primeiros meses, com os líderes Toyota mandando no espetáculo? Será que ajudou o fato de terem estado sem trabalho durante bastante tempo? Você acha que muitos trabalhadores se demitiram?

Nota: Se eu disser que eles ainda produzem carros muito bons por lá, você acreditaria? Certo, certo, sei que muitas das operadoras de Detroit são, hoje, coisa do passado. Mas a Demot continua. Assim como outras fábricas da Toyota e suas subsidiárias.

(Glass Company) Integridade (8)

"Em Deus confiamos. Todos os outros apresentem seus dados."

W. Edwards Deming

Naquele que seria meu último mês na empresa fornecedora de vidros, trabalhei para dois vice-presidentes – um na Engenharia, meu "verdadeiro cargo", e outro em Pesquisa, como facilitador de Gestão de Qualidade Total. Ambos eram homens de visão e muito me orgulhei de trabalhar para eles. O homem da Pesquisa estava sempre a bordo de carros de "teste" chiques, como o Corvette. Nós o chamávamos, carinhosamente, de "Dr. Dingdong", muito em função das perguntas que ele fazia no início de sua carreira – por exemplo, "para que lado o vidro está escoando?", no começo de uma linha de produção de vidro de mais de 1,5 km de comprimento. No negócio dos vidros, costumamos moer os nossos "calouros". E éramos impiedosos quando alguém questionava uma sabedoria "há séculos" estabelecida.

Nossas fábricas de vidros automotivos faziam algumas peças grandes que machucavam as costas dos trabalhadores, mesmo quando dois deles trabalhavam juntos para movimentá-las. Uma equipe de engenharia comprou e instalou dois robôs de descarga, como teste. Perfeito! Os trabalhadores nos agradeceram, a empresa economizou dinheiro e alguém inclusive nos deu uma Comenda Presidencial.

O vice-presidente de Pesquisa teve então uma grande ideia. Por que não poderíamos comprar vários robôs e instalá-los em dezenas de nossas fábricas?

Os olhos dos engenheiros se arregalaram de entusiasmo, mas, também, de medo. Isso significaria uma enorme tarefa. Nós já estávamos superocupados. Mas sempre seria possível tentar.

Poucos meses depois da compra dos robôs, o chefe do setor de Compras perguntou-me, em particular, quanto havíamos pagado pelos dois robôs de teste.

Eu disse a ele.

Ele assoviou e disse: "E se eu lhe dissesse que o Dr. Dingdong pagou 10 vezes esse custo por cada um dos 50 novos robôs e ainda recebeu uma espécie de comissão em troca?".

Como? Silêncio.

Eu disse: "E o que vamos fazer?".

Ele respondeu: "Não diga nada a ninguém. Deixe que vou dar um jeito nisso".

Na semana seguinte, ele saiu da empresa.

Pelo jeito, eu teria de fazer o mesmo que ele. De qualquer maneira, já me fixara no projeto de aprender com um verdadeiro *sensei*.

Deprimido, comecei a embalar minhas coisas. A empresa estava perdendo dinheiro em ritmo crescente. O setor de Recursos Humanos propunha algumas semanas de pagamento para cada ano de serviços aos funcionários que aceitassem aposentar-se oficialmente. Conversei com a minha esposa e refleti bastante sobre o que fazer. Então assinei os papéis. Na avançada idade de 27 anos, eu *me aposentei* da empresa de vidros. No dia em que assinei os papéis, agentes federais retiraram do prédio, escoltados e algemados, o vice-presidente de Pesquisa e outros três funcionários. Mal sabia eu, à época, que aquela seria a melhor coisa que poderia me acontecer. Se tivesse permanecido, eu teria sido engolfado na corrida para o fundo do abismo da falência.

Fiz entrevista de emprego em uma fábrica gerida por japoneses perto da minha cidade natal. Em seguida, me ofereceram trabalho. Prometeram igualmente que eu teria um *sensei*, ou professor mestre, para aprender em profundidade o sistema de produção deles. Cachorros quentes me mordam! Meu treinamento estilo STP estava prestes a se iniciar. Comecei a trabalhar na Triangle Kogyo no primeiro dia da minha "aposentadoria", com algum dinheiro sobrando no bolso.

(**Nota:** O vice-presidente foi declarado inocente no tribunal porque conseguiu provar que economizou para a empresa um pouco de dinheiro em cada uma das várias transações inescrupulosas de que havia sido acusado.)

- Os "fins justificam os meios" no presente caso? Por que, ou por que não?
- Qual é a situação adequada para aplicar tecnologia avançada, como robôs:
- Quando os trabalhadores estão sofrendo fisicamente?
- Quando você consegue poupar em salários mediante demissões em série?
- A Toyota exige sempre, dos fornecedores, "ficha limpa" em matéria de gastos. De que forma isso poderia ter ajudado a empresa fabricante de vidros do nosso caso?
- O que acontece em sua organização quando alguém "questiona séculos de sabedoria"?

Um bom líder de produção precisa... (11)

"'*Mono zukuri wa hito zukuri*' é um ditado da Toyota que significa 'fazer coisas é como fazer gente'. Você não pode separar o desenvolvimento das pessoas do desenvolvimento do sistema de produção, se é que pretende ter sucesso a longo prazo."

Isao Kato, Master Trainer da Toyota durante muitos anos (de uma entrevista com Art Smalley, www.artoflean.com, fevereiro de 2006).

"Em tempos de mudança, os *aprendizes* herdarão a Terra, enquanto os c*onhecedores* se descobrirão maravilhosamente equipados para lidar com um mundo que não existe mais."

Eric Hoffer

No meu quarto dia na Triangle Kogyo, minhas expectativas originais de aprender, de pernas cruzadas aos pés do mestre *sensei* Shimono-san, haviam se evaporado. Eu chegara cedo para instalar alguns itens pessoais – pelo menos aqueles que coubessem em cima da minha mesa. Minha colega Mitsumi, porém, disse-me, com firme polidez, que nada poderia ficar em nossas escrivaninhas quando saíssemos todas as noites. O gerente de Qualidade deu um riso abafado. Era outro americano que, alguns meses antes, havia "entrado". Talvez tivesse sido ele o sujeito que ficou *no círculo* por duas semanas. Prometi a mim mesmo arrancar alguma informação desse homem.

Bo havia chegado de novo, sorrateiro, pelas minhas costas. Antes, porém, que ele conseguisse chegar ao "san" do "Steve-san", eu estava de pé e rumando para a fábrica. Ele disse: "Steve-san, hoje você vai começar a aprender". Eu parei.

Tudo bem! Bo levou-me pelo interior da fábrica até a parte de trás da área de montagem. Ali havia uma mesinha, sem nada sobre ela a não ser um assento todo desconjuntado. Bo disse: "Desmonte tudo. E monte de novo". Com isso, afastou-se.

Na escola de engenharia, jamais alguém me ensinara a enfrentar situações como aquela. Pensando bem, não me ensinaram como comunicar-me, como me entender com colegas ou líderes, como trabalhar em equipe, ser astucioso, resolver problemas ou fazer perguntas. Como eu iria sair daquela?

Pensei: "O que o meu pai, ou meu avô, fariam?". Eles com certeza conseguiriam algumas ferramentas e saberiam consertar tudo. Eles provavelmente teriam satisfação com este tipo de aprendizado. Eu não tinha alguma. Os engenheiros aprendem nos livros. Fui até a área da Manutenção e perguntei se poderiam me emprestar algumas ferramentas. Depois de uma conversa fiada, passaram-me uma grande caixa vermelha, dizendo: "Divirta-se! Mas, cuidado, coloque cada uma das ferramentas no devido lugar e devolva tudo aqui antes de voltar para casa". Eles certamente adoravam aquelas ferramentas, tal qual meu pai e meu avô.

Depois de fazer centenas de perguntas, pedidos, leituras, observar a produção de assentos perfeitos, pedir mais peças (consegui estragar várias delas!) e três ou quatro intermináveis dias, consegui montar o assento. Um tanto esquisito, mas até se poderia dizer que era mesmo um assento. Quis então colocar esse "troféu" junto à minha mesa. Encontrei Bo e com orgulho lhe contei que havia concluído a missão. Bo olhou. Revirou os olhos. Grunhiu. E então disse: "Apareça no horário amanhã. Você irá começar seu aprendizado". O quê?

- "Engenheiros aprendem nos livros." Como isso se aplica a você ou a seus colegas?
- Qual é o plano para incorporar um novo trabalhador ou líder em sua organização? É escrito? Com que agilidade e eficiência o seu processo os deixará preparados?
- Os seus trabalhadores estão treinados o suficiente para suas tarefas? Todas as habilidades dos seus trabalhadores estão registradas em alguma espécie de matriz de treinamento? Você costuma recompensar os trabalhadores por sua multifuncionalidade (capacidade de desempenhar diversas funções)? Por que, ou por que não?

> - Qual é a importância do conhecimento do produto? Isso é importante mesmo se a sua empresa simplesmente é do tipo prestadora de serviços? Por que, ou por que não?

Um bom líder de produção precisa também... (12)

"Não é o empregador que paga os salários. Ele apenas cuida do dinheiro. É o *produto* que paga os salários."

Henry Ford, 1922

"Não perca tempo aprendendo os 'truques do negócio'. Em vez disso, aprenda o negócio."

James Charlton

Indo para o trabalho naquela manhã, fiz uma revisão mental do meu progresso. Sorri ao imitar as caretas de Shimono-san e dei gargalhada, sozinho, do meu complexo de superioridade em rápida deterioração. Já na fábrica, caminhei por vários setores, naquilo que se tornaria meu costume diário, falando com o maior número possível de pessoas. Ao chegar à área de entrada às 6h30, Bo já estava ali à minha espera. Aí tem. Ele disse: "Está na hora de fazer o *hansei*" e me fez caminhar até a única sala de conferências com as portas fechadas na fábrica. Bo explicou que *hansei* significa reflexão.

Ele inquiriu: "Fale do seu progresso até aqui".
Depois do que havia pensado naquela manhã, eu estava pronto para aquilo.
Bo estava impaciente.
Assim, inadvertidamente resumi minhas reflexões matutinas em uma frase bem longa.
Bo franziu o cenho.
Perguntei: "Como estou me saindo?".
Bo falou: "Esta é a questão. Como você está se saindo?".
Hum.
Uma pergunta ao *sensei* sempre gera *outra pergunta*, em vez de uma resposta.
Tentei de novo: "Estou me saindo bem?".
Ele retorquiu: "Você gostaria de começar seu aprendizado?".
Eu disse: "Sim, por favor".

Ao longo das semanas seguintes, fiquei junto a um trabalhador em cada posto durante uma *rotação* (cerca de duas horas – o tempo entre os intervalos). Chama-se rotação porque todos os trabalhadores são transferidos para diferentes postos depois de um determinado período de tempo. Um dos meus assessores explicou que a rotação evita lesões derivadas de alguns movimentos repetitivos, uma vez que grupos diferentes de músculos são usados nas diferentes operações. Mais uma prova de como o respeito pelas pessoas orienta tudo aquilo que uma empresa bem administrada faz. Também vi como isso nos ajudava (forçava) a ser mais funcionais e capacitar nosso pessoal a realizar diferentes funções. Assim, nossas linhas raramente sofriam paralisações em função da inexistência de trabalhadores plenamente treinados.

Eu segui um sujeito no seu deslocamento pela linha de montagem durante grande parte de dois dias, uma vez que ele tinha a capacidade de trabalhar em muitos postos. Observei, escrevi, desenhei esquemas, fiz perguntas (sobretudo aquelas mais banais) e basicamente tratei de não atrapalhá-lo. Por algum motivo, fui apresentado como funcionário temporário, não como o novo gerente de Engenharia de Produção. E não me importei com isso. A não ser pelo fato de permanecer de pé durante turnos inteiros de trabalho, eu estava realmente aprendendo. Também aprendi a fazer intervalos. Esse era o costume na Triangle e era fielmente cumprido. Mitsumi se encarregaria de me empurrar para a sala do intervalo se eu esboçasse qualquer tentativa de continuar trabalhando nessas oportunidades.

Depois desse período, Bo apresentou-me à equipe como o novo gerente de Engenharia de Produção. Seus assessores japoneses sorriram e se apresentaram, um por um. Fui devolvido à minha escrivaninha e formalmente apresentado aos meus colegas. Agora sim, me sentia parte da equipe. Bo, então, perguntou: "Você gostaria de começar o seu aprendizado?". O quê?!

- E você, "gostaria de começar o seu aprendizado?".
- Tem valor para os responsáveis pela produção observar cada operação antes de começarem a liderar?
- Você está em condições de afirmar que "nossas linhas de montagem raramente são interrompidas pela falta de trabalhadores habilitados"? O nível do treinamento multifuncional está devidamente traçado para cada pessoa? Em caso contrário, o que você precisa fazer a respeito?
- Com que eficiência a sua empresa enfrentou a carga de trabalho durante os períodos de férias?

- Se você tirou férias este ano, o seu trabalho estava completo antes de seu retorno? Treinamento multifuncional de pessoal burocrático e a rotação poderiam ser úteis neste sentido?

Reativando uma equipe *Kaizen* (13)

"A pergunta essencial não é 'quão ocupado você está?', mas, sim, 'com o que você está ocupado?'."

Oprah Winfrey

"Se você não tem ideia de para onde está indo, provavelmente chegará a qualquer outro lugar."

Lawrence J. Peter

Bo passou a aparecer com mais frequência perto de mim – normalmente no setor da produção. Nós apenas ficávamos por ali. E isso não parecia fora de lugar. Parecia tudo certo, mesmo com a minha presença quase que imobilizada por ali. De vez em quando, alguém me pedia para dar uma olhada em alguma coisa. Bo acompanhava e observava. Eu conduzia o diálogo nesses momentos – na esperança de arrancar um sorriso ou, na verdade, qualquer coisa que fosse, de Bo. Mas ele simplesmente mantinha aquele olhar sério. Ele era um sujeito duro. Eu desconsiderava os olhares carrancudos dele.

Certo dia, Bo falou: "Steve-san, você irá mudar o foco de uma equipe de *kaizen*".

"Muito bem", respondi. "E como eu faço isso?"

Ele disse: "Certo. Como você faz isso?".

Eu implorei: "Shimono-san, pelo menos me diga quem são eles e quando se encontram?".

Bo apontou o dedo para um pequeno grupo que jogava pingue-pongue e confraternizava na cafeteria.

Fui até o grupo e me apresentei.

Eles simplesmente me ignoraram.

Por isso, recorri à autoridade: "Bo me pediu para retomar a sua equipe de *kaizen*".

Mais indiferença.

Perguntei, então: "Em que vocês gostariam de trabalhar?".
Encolheram os ombros.

Naquele momento, o gerente de qualidade apareceu na cafeteria e perguntou se alguns daqueles trabalhadores poderiam ajudá-lo com um exercício de solução de problema com relação a ajustadores de assentos difíceis de alinhar. Os integrantes da equipe encolheram os ombros e lentamente acompanharam Mike. Bem, solução de problemas é uma forma de melhoria contínua, ou *kaizen*. Aprendi duas coisas importantes naquele dia que diziam respeito ao tempo destinado ao *kaizen* cada semana:

1. Integrantes de equipes, por natureza, têm opiniões e *inputs* diferentes, que são úteis na coleta de dados a respeito de um problema e para sessões de *brainstorming* para encontrar possíveis causas-raiz. Eles veem as coisas de maneira diferente, e isso é muito bom.
2. Usar um diagrama de espinha de peixe para captar o primeiro *round* de *brainstorming* sobre causas-raiz e então perguntar "por quê" cinco vezes (mais ou menos) sobre cada uma dessas causas é uma boa maneira de descobrir causas-raiz mais profundas e enraizadas. O primeiro *round* de análise das causas mostra apenas *sintomas* das causas-raiz.

(**Nota:** A equipe saiu-se muito bem! Todos os seus integrantes pareciam conhecer a linguagem e a metodologia da solução de problemas. O gerente de qualidade trabalhou muito bem ao focar neles durante as sessões de *brainstorming*. A equipe tomou decisões lentamente e apresentou suas ideias a quase todos os demais departamentos de produção, explicando sempre o que e o porquê. Então eles implementavam as soluções com grande agilidade. Eles também respeitavam os *inputs* apresentados por todos os integrantes – mesmo quando discutiam bastante a respeito de cada um deles.)

Depois de algumas reuniões de 30 minutos, relatei o progresso limitado da equipe de solução de problemas (*kaizen*) a Bo. Disse-lhe que eu não era o facilitador nem líder da equipe, embora para tanto ele tivesse me designado. Ele não pareceu dar importância ao fato. Não interessava, para ele, eu ter apenas estado focado na solução de problemas. Ele disse: "Ser chamado de um excelente solucionador de problemas é um grande cumprimento. Continue tentando".

Depois de várias semanas de reuniões, tentativas, suor, mais tentativas e uma série aparentemente interminável de dias de "zero" em número de ajustes de assentos com defeitos, a equipe foi elogiada por Bo na presença de todos os colegas de trabalho. Antes de eu voltar para casa, naquele dia, Bo disse, suave: "Bom trabalho, Steve-san. Você gostaria de começar o seu aprendizado?".

- Qual é a sua opinião a respeito dos integrantes de sua equipe? Todos conhecem a linguagem e a metodologia da solução de problemas? Se não conhecem, o que você precisa saber a respeito?
- Você tem um formulário comum para a solução de problemas? Será que todos os seus funcionários – mesmo os trabalhadores da produção – conhecem o processo?
- As suas equipes são encarregadas de continuar a se reunir até atingirem os objetivos?
- Você envolve os trabalhadores da produção na busca de solução de problemas de causa-raiz? Você precisaria liberá-los para que se envolvessem, mas qual seria o seu benefício como resultado desse envolvimento?
- Você dá tempo para que os integrantes das equipes façam um pouco de *kaizen* (ou solução de problemas)?

Você bandido – engenharia reversa (17)

"Mais rápido é melhor."

Bo Shimono

"Ligeiro e rude é melhor do que lento e elegante."

Autor desconhecido

Trabalhar para Bo e seus assessores não era nada fácil. Na verdade, aquela foi a temporada mais difícil na minha carreira de trabalho. Claro, sou grato por ter chegado a um entendimento mais profundo dos princípios do STP. Mas isso foi conquistado a um preço que a maioria das pessoas não chega a entender.

Todos os dias, eu começava a trabalhar às 6 horas da manhã. Todas as noites, voltava para casa às 18 horas. E todos os dias, quando eu deixava a fábrica, lá estavam Bo e seus seis assessores – normalmente fumando ou batendo papo. Bo consultava o seu relógio e falava, para todos ouvirem: "Steve-san, você bandido. Por que ir para casa tão cedo?". Eu tinha vontade de gritar "porque ganho por oito horas e trabalho 12!". Em vez de fazer isso, abaixava a cabeça e seguia meu caminho. Sabia que eles iriam apenas trabalhar mais uma hora, e então beber e cantar no caraoquê até tarde. O ritual noturno do "você bandido" continuou por vários meses. Eu o detestava.

Uma tarde daquelas, Bo chegou à minha mesa por volta das 4 horas, e disse: "Steve-san, você bom sujeito. Você ir para casa cedo, para a família".
Eu respondi: "Não, eu bandido, lembra?".
Ele insistiu: "Não, você bom sujeito. Você vai para casa agora, ver família".
E eu: "Por acaso fui demitido?".
Ele riu e disse: "Não, ainda não. Você bom sujeito".

Com isso, deixei o que estava fazendo e fui para o meu carro.
Enquanto dirigia, aquela mudança de bandido-bom sujeito não me saía da cabeça. Concluí que meus conselheiros japoneses estavam tentando esconder alguma coisa. O que seria? Será que iriam reverter (de novo) alguma coisa que eu havia ajudado a implementar naquele dia? Iriam demitir os líderes atuais? Parei meu carrinho, fiz o retorno e voltei à fábrica.
Enquanto caminhava em direção à área dos escritórios, olhei pela janela do Laboratório da Qualidade. Ali estavam eles. Todos eles. Estavam desmontando alguns assentos – obviamente, de uma marca concorrente. Eu sabia o que estavam fazendo! Eu havia feito engenharia reversa na AE. Costumávamos desmontar por inteiro os assentos e depois nos alegrávamos com o péssimo estado que as peças do concorrente apresentavam. Na AE, aquele exercício durava semanas, por isso dei a volta outra vez e fui pegar meu carro. Amanhã eu os ajudarei.
Depois de uma noite agradável com minha família, fui para o trabalho na manhã seguinte, reuni algumas ferramentas e rumei para o Laboratório da Qualidade. Localizei Bo e seus principais assessores saindo dali de braços dados, dizendo que iriam tomar umas cervejas. Bem, isso não era nada estranho de ouvir da parte deles. Mas eram 6 horas da manhã!
Entrei no laboratório vazio. No chão havia uma fila de papelão com partes de assento cortadas e alinhadas conforme a ordem de montagem. Máquinas e processos eram desenhados no papel sob as peças. Eu não entendia o que aqueles símbolos *kanji* significavam, mas claro que entendi o significado dos símbolos de dólar. Em apenas 12 horas, Bo e a equipe haviam completamente desmontado, processado e avaliado um conjunto completo de assentos – contendo mais de 300 peças! Fiquei espantado com

a rapidez com que essa equipe conseguira *reverter a engenharia* dos assentos. E entendi por que os nossos caras na AE não pareciam aprender nada que se aproximasse daquilo depois de semanas de esforços usando uma dezena de engenheiros.

Alguns anos depois, tomei conhecimento de uma história contada por um de meus colegas. Ele disse que alguém, de nome Robert Smith, inscreveu-se na lista de espera dos revendedores da área de Detroit encomendando o *primeiro* carro novo disponível de quase todos os fabricantes dos Estados Unidos – pagando todos sem pedir sequer um desconto! Esse sujeito deveria ter, no mínimo, uma garagem enorme... Alguns anos depois de inaugurar seu centro de projetos de Ann Arbor, a Toyota admitiu que "Robert Smith" havia sido a empresa. Dentro de 24 a 48 horas, a Toyota tinha cada carro novo ou parte específica desmontada, analisada, desenhada, analisada outra vez, processada e até mesmo avaliada! A próxima vez que você estiver fazendo engenharia reversa, pense em Robert Smith.

- Você está fazendo engenharia reversa? O que a sua equipe aprendeu na última desmontagem? Talvez seja necessário passar a fazer perguntas mais consistentes a essa equipe.
- Ao participar de um exercício de engenharia reversa, não deixe de lembrar:
  - Quantas peças foram usadas pelo concorrente? Quanto pesam? Como eles fazem a montagem dessas peças?
  - Você consegue ver quaisquer sinais de verificação de erros para reduzir erros na montagem (verificação de erros real como montagem direta e descontinuidades de alinhamento, ou verificação parcial, como rótulos e códigos de cores)?
  - Eles constroem em *módulos* (em vez de montagem peça por peça)?
  - Quais são as opções (por exemplo, luxo *versus* econômica) incluídas? São embutidas em módulos? Como isso pode facilitar ou tornar a montagem isenta de erros?

Nota: A resposta competitiva a uma engenharia reversa de tamanha rapidez é a inovação. Qual é a percentagem da sua capacidade cerebral que sua empresa está exigindo de você e utilizando diariamente?

Quem deveria balancear as linhas? (19)

"O tipo mais perigoso de desperdício é aquele que não reconhecemos."

Shigeo Shingo

Depois do famigerado episódio do estudo de tempo, prometi fazer mais perguntas a Bo antes de me atirar a novas empreitadas. Talvez fosse uma decisão de minha parte já esperada por ele.

Bo ensinou-me os fundamentos dos sistemas de Trabalho Padrão da Triangle, com seus dois principais formatos – o Diagrama de Trabalho Padrão para cada operador e o Diagrama de Balanceamento de Linha da célula, ou linha, em seu conjunto. Bo e sua equipe ensinaram todos os trabalhadores sindicalizados no chão de fábrica a usar um método razoavelmente básico de cortar e colar para desenvolver Diagramas de Balanceamento de Linha para vários tempos *takt*. O tempo *takt* é o tempo no qual cada unidade deve ser produzida a fim de corresponder à demanda dos clientes. Os trabalhadores sindicalizados fizeram seus próprios diagramas de balanceamento de linha para diferentes níveis de força de trabalho.

Os trabalhadores cortaram um pequeno retângulo representando cada tarefa do processo do Diagrama de Balanceamento de Níveis principal, em que a altura de cada retângulo representa o tempo que cada tarefa leva para ser completada. Se eliminássemos alguma caminhada ou outros desperdícios, poderíamos reduzir um pouco mais aquele retângulo. Os trabalhadores reequilibraram a principal linha de montagem com base nos maiores pontos de intervalo em mudança de volume pelo nosso cliente Mazda. Precisávamos acrescentar ou reduzir trabalhadores na linha de montagem principal para que tivéssemos *produtividade igual com qualquer volume* (por exemplo, a guarnição padrão era de 12 trabalhadores em cada posto; mas quando a Mazda produzia menos de 820 carros por dia, a força de trabalho total requerida na linha principal de montagem seria de 11; quando a demanda excedesse 940, precisaríamos de 13 trabalhadores). Era parecido com um quebra-cabeça.

Os diagramas de barras coladas resultantes pareciam um tanto malfeitos, mas fiquei impressionado com o fato de os trabalhadores sindicalizados contarem com todos aqueles diagramas arquivados para os mais diversos tamanhos de equipes para os correspondentes volumes de trabalho. Eles também tornavam a redistribuição de trabalhadores no chão de fábrica muito mais fácil. Em vez de confiar em mim ou em meus supervisores para deslocar alguém para outro ponto de trabalho, o sistema era claro para todos. Quando a demanda da Mazda para o dia era definida no começo da manhã, nós às vezes ouvíamos re-

Capítulo 4 – Pilar das pessoas: princípios e histórias **107**

clamações. Mas os trabalhadores que saíam ou entravam na linha de montagem conheciam suas funções, e a equipe central de montagem começava a movimentar materiais e equipamentos adequadamente, de maneira a melhor dar apoio às necessidades dos trabalhadores. Era, sem dúvida, um sistema muito flexível.

- Qual é a flexibilidade de seu sistema?
- Os seus funcionários ajudam a manter o equilíbrio entre as linhas? Se não ajudam, qual é o motivo?
- Os funcionários sabem dos intervalos do tempo *takt* em volume e em número de pessoas?
- Você costuma alterar o número de pessoas em cada equipe em função da oscilação do volume?
- Qual é o seu plano para a eventualidade do número de seus clientes ficar abaixo desse volume (por exemplo, para onde vão os trabalhadores desnecessários)? Você consegue remover com rapidez o equipamento de montagem para mais perto (ou mais longe) dos trabalhadores a fim de se ajustarem a essas situações?

Nota: A Toyota procura controlar essa demanda sempre com alguns meses de antecipação. À nossa fábrica da JCI em Ontário, a Toyota avisou com 30 dias de antecedência que estaria acelerando sua principal linha de montagem (por exemplo, reduzindo o tempo *takt* de 60 segundos para 55 segundos). Eles nos solicitaram um *kaizen* de cinco segundos por posto de trabalho em vez de contratar mais funcionários – para a eventualidade de o volume previsto não permanecer tão alto. Você não gostaria que seu cliente agisse da mesma forma?

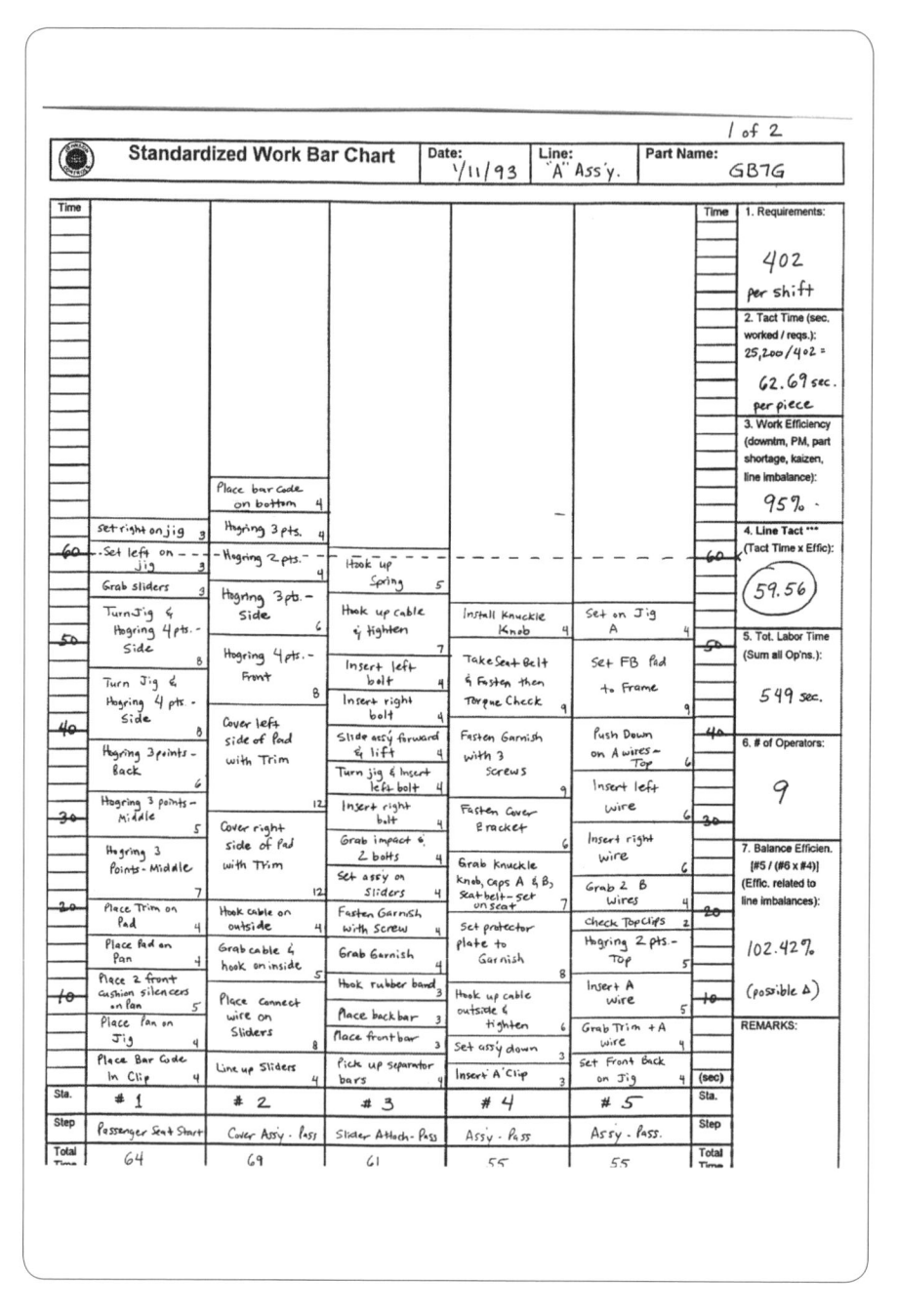

Figura 4.1 Diagrama de balanceamento de linha (reescrito para maior clareza).

80% de cenoura, Steve-san (22)

"Recompense aqueles que fazem, treine os que não conseguem, substitua os que não querem fazer."

Credo de Henn

Aqui vai outro dos ditados ou analogias provocadoras de Bo. Depois de me ver expressar meu estilo de gerenciamento punitivo (herança da AE), Bo entrou em minha sala e disse: "80% de cenouras, Steve-san". E com isso me dispensou. Ele estaria falando do almoço? Ou poderia estar falando da regra dos 80/20? Ele provavelmente insinuava que eu estaria dando 80% de "puxões de orelha" em meus supervisores e funcionários. Depois de mais alguma reflexão, cheguei à conclusão de que ele tinha razão. Um especialista em gestão havia dito para encontrar pessoas fazendo a coisa certa e então reconhecer o fato e recompensá-las por isso. Puxa, assim era muito melhor.

- Descreva algumas ações de gestão que são "puxões de orelha". Agora, pense em algumas *cenouras*. Não é mais fácil pensar em cenouras do que em "puxões de orelha"? Por que, então, distribuímos mais "puxões de orelha" durante um dia normal de trabalho?
- Existem algumas cenouras não financeiras e baseadas em equipes que você poderia utilizar para recompensar aquelas que estiverem aplicando com acerto os princípios do STP?

Você tem tapete enrugado, Steve-san (23)

"Estamos ocupados demais secando o chão para desligar a torneira."

Autor desconhecido

Aqui vai ainda outra das expressões e analogias de Bo. Ele gostava de observar seus gerentes interagindo com as pessoas no chão de fábrica, e isso valia também para seus supervisores e seus pares. Ele parecia estar permanentemente observando, sobretudo quando surgia alguma discussão. Ele nunca intervinha. Somente franzia as sobrancelhas. Em geral, bagunçávamos as coisas bem ao estilo americano. Nós as ignorávamos.

Depois de mais um desses episódios, Bo me fez ir à sala dele de novo. E então disse: "Você tem tapete enrugado, Steve-san". Depois disso, dispensou-me. Estaria ele falando da área da minha escrivaninha? Poderia estar se referindo à velha analogia de varrer os problemas para baixo do tapete? Depois de refletir a respeito, cheguei outra vez à conclusão de que ele estava certo. Pedi um pouco de ajuda para quando tivesse de tratar com os assessores japoneses, da mesma forma que com integrantes de equipes ingovernáveis. O estilo dele funcionou bem melhor.

- Você às vezes varre os problemas para baixo do tapete? Por que, ou por que não?
- Para encontrar a causa-raiz de cada problema que o atingiu durante o dia e resolvê-lo, quanto tempo perderia com isso nos primeiros dias? Quanto tempo isso levaria depois de alguns meses de sucessos com causas-raiz?
- E os seus supervisores? Eles encerram o expediente antes de relatar *todos* os problemas com peças, tempo ocioso, transferências e operações subutilizadas?
- Você tem um tapete enrugado? Como conseguiria interromper essa tendência?

Fazendo uma reengenharia, ou cortando cabeças (36)

"A definição de insanidade é fazer a mesma coisa repetidamente e esperar resultados diferentes."

Albert Einstein

Sinto muito relatar que uma missão de reengenharia pontua minha carreira. Um editor de livros contratou-me para fazer a reengenharia de alguns dos seus processos administrativos. Seus processos de produção estavam arruinados, mas acho que eles pensavam que os processos administrativos estavam em estado ainda pior. Por isso, foi por onde começamos.

A reengenharia oferece algumas boas ferramentas para dissecar uma organização em seus processos-chave. E o mapeamento dos processos multifuncionais (diagramas *swim lane*) salienta os pontos de transferências e proporciona aos integrantes da equipe uma boa visão geral da situação. No entanto, os métodos de implementação que aprendi poderiam ser descritos como equivalentes às queimadas. Um exemplo disso foi a divisão do grupo de Contas a Pagar na Ford depois de observar apenas algumas pessoas realizando a mesma função no seu novo parceiro, a Mazda.

Assim, eles reduziram e eliminaram inicialmente alguns dos seus processos administrativos-chave. Algumas semanas mais tarde, contratamos algumas daquelas mesmas pessoas pagando o dobro do que ganhavam antes. (Este poderia ser considerado o Erro nº. 751, mais ou menos, dos mil ou mais enganos que eu já cometi.)

- O que teria ocorrido se apenas a "gordura" tivesse sido cortada durante o estudo de reengenharia? Os resultados no exemplo supracitado teriam mudado?
- O que há de bom em "dissecar uma organização nos seus processos-chave"?
- Existe algo de verdadeiro em aprender a partir de grandes e pequenos erros. Na verdade, é possível aprender sem cometer tais erros?

Qual percentagem do seu cérebro a sua empresa utiliza? (43)

"As pessoas não vão para a Toyota para *trabalhar*, elas vão lá para *pensar*."

Taiichi Ohno

Pelo fato de já ter feito tantas vezes essa pergunta, melhor deixar o leitor saber de onde ela surgiu. Tive o privilégio de ouvir o Dr. Edward Marshall[7] falar a um grupo de pessoas sobre mudança na gestão. Antes de mostrar qualquer *slide* em PowerPoint, Ed perguntou a todos nós: "Qual percentagem do seu poder mental criativo, na forma de ideias, a sua empresa exige diariamente de você e implementa?". Ele nos disse para meditar sobre o assunto e pouco depois repetiu a pergunta. E logo comentou: "Muito pouco, não é verdade?". Ele então discorreu sobre alguns dos seus conceitos sobre a construção da confiança e os ambientes verdadeiramente colaborativos.

A minha resposta ficou por volta de 5%. Entre aqueles que compartilharam suas percentagens, tive a maior! O cérebro dos seus funcionários guarda valor não utilizado tremendamente elevado. Eles estão somente à espera de alguma forma de colocar esse valor em prática.

- E no seu caso? Qual é a percentagem? Por que, no seu entendimento, ela é tão baixa?
- Os esforços *lean* buscam sempre trazer à tona essas ideias. De que maneira?
- Como você poderia despertar esse enorme desejo dos seus funcionários de apresentar ideias para melhorias? O que aconteceria se você conseguisse colocar isso em prática?
- Se os funcionários já tentaram, sem sucesso, apresentar ideias para melhorias e foram rejeitados, como iriam reagir a uma nova solicitação de ideias? Qual seria a melhor atitude que você poderia adotar em termos de precaução contra essa possibilidade?

❖ Notas

1. The Toyota Production System, (Handbook) International Public Affairs Division and Operations Management Consulting Division, Toyota Motor Corporation, 1992.
2. Miller, Jon, The Suggestion System Is No Suggestion, Third Edition, http://www.gemba.com Gemba Research LLC, 2003
3. Jon Miller, Ibid.
4. Um grande recurso para aprender como a Toyota desenvolve e mantém uma cultura de empregados flexíveis é a obra de Jeffrey K. Liker e David P. Meier, "Toyota Tallent", Nova York: McGrawHill, 2007 (edição brasileira, Bookman, "O Talento Toyota").
5. Outro pseudônimo.
6. Outro pseudônimo.
7. Marshall, Edward, Building Trust at the Speed of Change, New York: AMACOM, 2000.

Capítulo 5

Pilar da qualidade intrínseca: princípios e histórias

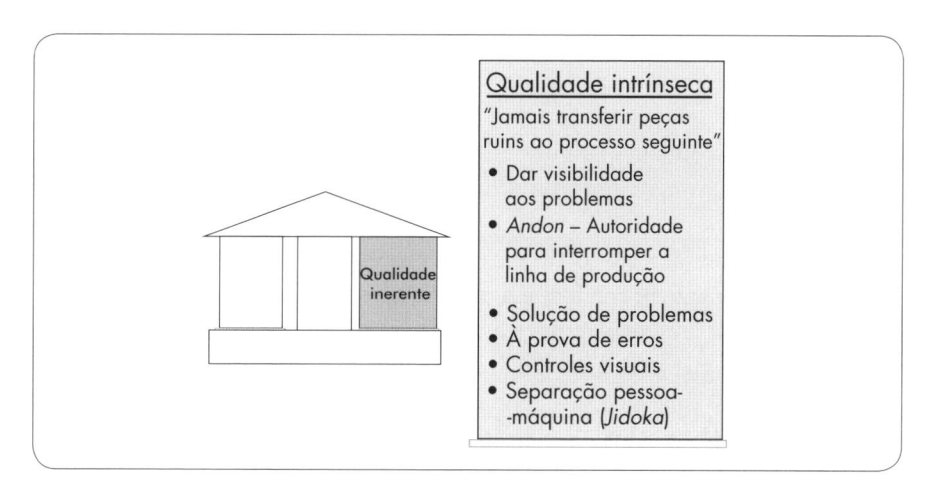

> **Qualidade intrínseca**
> "Jamais transferir peças ruins ao processo seguinte"
> - Dar visibilidade aos problemas
> - *Andon* – Autoridade para interromper a linha de produção
> - Solução de problemas
> - À prova de erros
> - Controles visuais
> - Separação pessoa-máquina (*Jidoka*)

O pilar da Qualidade Intrínseca (QI) destaca com ousadia seu primeiro e principal princípio – jamais transferir defeitos ou erros para o próximo processo. Sustenta que qualidade na fonte e solução imediata da causa-raiz de problemas são necessárias para manter os dentes da engrenagem da produção JIT girando livremente. São princípios e também "obrigações". Em muitos diagramas originais da Casa Toyota, este pilar é rotulado de *jidoka*.

❖ *Jidoka*

Jidoka significa que a máquina para automaticamente quando algum problema é detectado. *Jidoka* é muitas vezes chamado de "autonomação", ou automação com um toque humano. Este conceito, aperfeiçoado pela primeira vez na virada do século XIX em teares de fiação, mais tarde tornou-se parte essencial do

Sistema Toyota de Produção (STP). *Jidoka* é realmente uma das invenções essenciais do STP. Originalmente, *jidoka* foi uma invenção que permitiu ao tear automático de Sakichi parar quando um fio se rompia. Essa invenção não apenas permitia o trabalho dos operários com várias máquinas ao mesmo tempo, como dava ao tear a "inteligência" para detectar um erro e automaticamente interromper seu funcionamento.

O princípio do *jikoka* tem duas partes principais:

1. *Separar* o tempo de trabalho manual do tempo da máquina. O princípio é baseado na convicção de que as pessoas deveriam fazer tarefas que apenas pessoas podem fazer e que as máquinas deveriam fazer o trabalho das máquinas.
2. Dar à máquina a *inteligência* de *parar* quando um defeito é produzido. Sensores são introduzidos nas máquinas para que o primeiro defeito venha a ser detectado e com isso a máquina seja impedida automaticamente de produzir qualquer erro adicional. Os trabalhadores são então alertados e começa a solução do problema.

Esta ideia de "detectar erros e parar" é ampliada para operações manuais como as da montagem, mediante a autoridade dos trabalhadores para *interromper a linha de produção* sempre que detectarem um problema – o que é feito normalmente puxando um cordão ou sinal de *andon*. Esta é uma das formas pelas quais o STP consegue agregar qualidade ao processo, ao remover defeitos na fonte. Há muitas pessoas que erradamente supõem que *jidoka* é automação por causa do têrmo autonomação. Um trabalhador da Toyota é ensinado a automatizar somente depois de ter estudado e padronizado com profundidade o processo manual, de maneira a que não se venha a investir dinheiro para *automatizar o desperdício*. O conceito do controle de qualidade interno é também incluído no princípio de *jidoka*.

Nenhuma discussão do *jidoka* estará completa sem alguma referência ao visionário fundador do império Toyoda, Sakichi. Filho de um carpinteiro sem posses, Toyoda é mencionado como o "rei dos inventores japoneses". Sua invenção mais famosa foi o tear automático em que ele implementou o princípio do *jidoka*.

Sakichi Toyoda era apaixonado por tudo que dizia respeito ao *jidoka* por outra importante razão. Ele entendia que os trabalhadores não deveriam ser forçados a olhar para uma máquina que estiver funcionando automaticamente. Isso seria, segundo ele, o equivalente à escravidão. Para ele, a única prova de que um trabalhador *não está* escravizado pela máquina é o fato de poder se afastar dela. Isso levou a incríveis aumentos de produtividade na tecelagem automática de Toyoda e, mais tarde, na própria Toyota. Mas o princípio tem suas raízes em outro pilar e princípio Toyota – o do respeito pelos trabalhadores.

O pilar da QI contém alguns princípios únicos e poderosos. Como anteriormente proclamado, na construção de casas é necessário erguer as paredes ao mesmo tempo. Isso é igualmente válido para os pilares do *Just-in-Time* (JIT) e da QI. À medida que se começar a trabalhar mais rapidamente, erros *serão* cometidos, a menos que se tomem determinadas contramedidas. Elas são dependentes umas das outras, e não concorrentes.

Aqui vai uma resumida análise da interdependência dos três pilares. Sistemas verdadeiramente à prova de erros requerem produção unitária e rápido *feedback* sobre a qualidade. Os sistemas JIT proporcionam isso. Os trabalhadores comandam o sistema continuamente. É preciso contar com os cérebros deles para fazer o STP funcionar. Inspeções por amostragens não conseguem analisar todos os produtos. E uma linha ou célula de produção precisa ser interrompida quando algum erro ocorrer. As inspeções 100% internas em busca de erros e solução de problemas são indispensáveis para que um sistema de produção JIT não seja inconsistente devido a problemas de qualidade. A interdependência dos pilares do JIT, das Pessoas e da QI mostra a que ponto esses princípios fazem interface.

O pilar da QI inclui também alguns dos mais poderosos princípios no arsenal das técnicas. Os princípios atemporais e imutáveis são:

- Nunca transferir uma peça com defeito ou um erro para o processo seguinte. Projete o trabalho de tal forma que um produto ou serviço não possa deixar o posto de trabalho se contiver defeitos. Isso tem igualmente relação com a qualidade interna ou qualidade na fonte.
- Torne os problemas visíveis – Faça com que todas as situações anormais se sobressaiam como uma unha encravada; faça com que os problemas sejam localizados e conserte-os.
- *Andon* e a *Autoridade para Interromper a Linha* – Todos os participantes devem pedir socorro sempre que um erro ou anormalidade *possa* ocorrer; este é o número um dos princípios de qualidade Toyota.

Algumas ferramentas e conceitos adicionais são *jidoka*, solução de problemas de qualidade, à prova de erros (usando *poka-yokes*) a fim de prevenir a ocorrência de defeitos, pedindo e recebendo ajuda imediatamente e implementando controles visuais que tornem os problemas visíveis.

❖ Nunca transfira defeitos

Nunca transfira defeitos é um princípio digno de seu nome. Ele significa exatamente o que diz. Se um defeito for passado para o próximo posto de trabalho em uma célula, ele poderá interromper o sistema ou (pior ainda) vir a ter mais valor agregado nos sucessivos postos de trabalho, quando o produto já estiver com o defeito. Sempre que possível, todas as condições para defeito zero deveriam ser examinadas *antes* da operação da máquina. Desta forma, não haverá como cometer um erro.

Este princípio é às vezes chamado de *qualidade na fonte*. Isso significa que os defeitos são identificados e corrigidos tão logo ocorrem, ou na fonte, onde o custo é menor.

Quando **problemas se fazem visíveis**, as anormalidades ficam tão salientes quanto um dedo inflamado. É possível criar sistemas que criem uma situação à qual trabalhadores e líderes *devem* reagir. Como os seus trabalhadores e líderes tomam consciência dos problemas? Isso ocorre muitas vezes quando é tarde demais (por exemplo, um defeito já está concretizado)? Sistemas de mensuração podem tornar os líderes conscientes dos problemas depois do fato consumado. Mas sistemas melhores usam os cinco sentidos de trabalhadores bem treinados para deter o processo *antes* que problemas e erros possam ocorrer. Esta é mais outra maneira pela qual o pilar da QI depende das pessoas.

❖ Autoridade para interromper a linha

A **autoridade para interromper a linha** é o princípio de qualidade número um da Toyota. Mas não é corretamente descrita. Quando um trabalhador puxa um cordão do *andon* ou pede ajuda, a linha de produção *não para*, ou, pelo menos, não para de imediato. O trabalhador *consegue* na hora um par de olhos adicionais para avaliar o problema, e os dois trabalhadores tentam então resolvê-lo em conjunto. A pessoa que responde ao pedido de ajuda é normalmente um líder ou supervisor de equipe, mas pode ser também qualquer outra pessoa na organização. E somente se eles não conseguirem em conjunto, em um período razoável de tempo, resolver a situação, a linha será interrompida para que o problema possa ser resolvido e ganhe os cuidados necessários.

Quando este princípio é seguido, todos devem interromper a linha quando um erro ou anormalidade ocorrer. Nas suas operações, os seus trabalhadores *podem* parar a linha ou processo se entenderem que existe a possibilidade de um erro? E se pudessem fazer isso como prática diária, eles *fariam*?

Por que não? Quais razões levariam a pessoa a hesitar na hora de interromper a linha? Algumas razões podem ser o temor de punição (pelos supervisores), a pressão dos colegas, a apatia (normalmente quando suas preocupações são ignoradas) ou o temor do trabalhador de que, tendo revelado a existência de um problema, sua única "recompensa" será uma carga extra de trabalho para resolver a situação.

❖ Andon

Por este motivo, a Toyota desenvolveu ainda mais seus sistemas de Autoridade de Interromper a Linha para a produção nos Estados Unidos. Tendo em vista a importância desses princípios, a Toyota quantifica e recompensa o uso dos acionamentos dos cordões de *andon*. A Toyota faz um gráfico do número de puxões do "cordão amarelo" usando controle estatístico de processos (CEP). Se o número de puxões em um turno se mostra *acima* de um limite máximo de controle, eles param toda a seção da linha para determinar causas-raiz e contramedidas. Mas se esse número fica *abaixo* de um limite mínimo projetado, a Toyota igualmente interrompe a seção da linha para determinar causas-raiz e contramedidas. Qual é, no seu entendimento, a maior preocupação deles nesta segunda hipótese? Eles temem que o trabalhador possa se tornar indiferente e passar um defeito potencial para a seção posterior à dele.

Um sistema de *andon* funcional provoca imediata atenção a um erro ou anormalidade que o trabalhador venha a detectar. Isso deveria desencadear uma resposta imediata de um líder encarregado (por exemplo, um supervisor ou gerente, mas alguém da manutenção, engenharia ou função de apoio também poderia ser indicado). Quando um trabalhador pede um par de olhos adicional para a observação de uma situação com potencial de erro, isso é indicado via um *andon* ou sinal de luz, painel ou som. Se o líder encarregado não responder em determinado tempo, o sistema de *andon* automaticamente "elevará" o sinal a um gerente de nível superior até que alguém responda e reinicialize o sinal na estação do trabalhador.

❖ Solução de problemas

A solução de problemas é um princípio e ferramenta fundamental do STP. É encontrada na Fundação, no pilar QI e mesmo no pilar das Pessoas. Todos os funcionários devem conhecer e usar um processo e formulário comuns para a solução de problemas. A Toyota sabe que todos os custos decorrentes de defeitos e erros terão, em última consequência, custos mais elevados em termos de lucros ou até mesmo perda de clientes. Eles exigem de todos os funcionários e fornecedores que entendam e façam a solução de problemas de causa-raiz. Um formulário simples utilizado para tanto normalmente inclui um diagrama de espinha de peixe. A Toyota também promove os "Cinco Porquês", uma técnica pela qual se pergunta "por quê?" cinco vezes (mais ou menos) para chegar à causa-raiz.

A solução de problemas exige que se compareça ao local em que eles ocorrem. Isto é às vezes chamado de os três Gs – *gemba*, *gembutsu* e *genjitsu*. Em uma tradução primária, esses termos significam "local onde o problema ocorre – chão de fábrica", "problema real" e "situação real". Todos os funcionários da Toyota são exímios resolvedores de problemas usando os três Gs.

❖ À prova de erros (*Poka-Yoke*)

À prova de erros é uma ferramenta sob medida que reforça a QI e tem amplas aplicações. A Toyota desenvolveu a ferramenta chamada *poka-yoke*. Um *poka* é um erro não provocado. Não é sabotagem, nem apenas uma variação de causa comum. Quando mesmo os seus mais hábeis funcionários podem esquecer e criar um erro às vezes, é provável que se trate de um erro inadvertido, não provocado. *Yokeru* significa evitar ou prevenir. Assim, um *poka-yokeru* ou *poka--yoke* é algo que se coloca em ação para evitar ou prevenir por inteiro erros ou defeitos evitáveis.

Dispositivos de verificação de erros ajudam a incorporar qualidade em cada etapa da produção. Tal dispositivo pode assumir muitos formatos e modelos. Tipos comuns de *poka-yoke* são físicos em sua natureza e *evitam* que a máquina opere em ciclos. Eles verificam todas as condições possíveis de *input antes* que as peças sejam fixadas na máquina. Normalmente incluem sensores, chaves de proximidade, matrizes, luzes de alarme e pinos de alinhamento. Fiações simples são usadas para operar esses dispositivos elétricos de verificação de erros, pois precisam ser de custo reduzido e projeto simples. O objetivo é prevenir defeitos antes que aconteçam. O objetivo é defeito zero.

❖ Minhas histórias mais interessantes com QI

As histórias a seguir darão a você uma melhor compreensão das ferramentas do **pilar do QI**. Dedique-se, por favor, à sua leitura e reflita sobre as perguntas que acompanham cada uma delas.

Capítulo 5 – Pilar da qualidade intrínseca: princípios e histórias

---

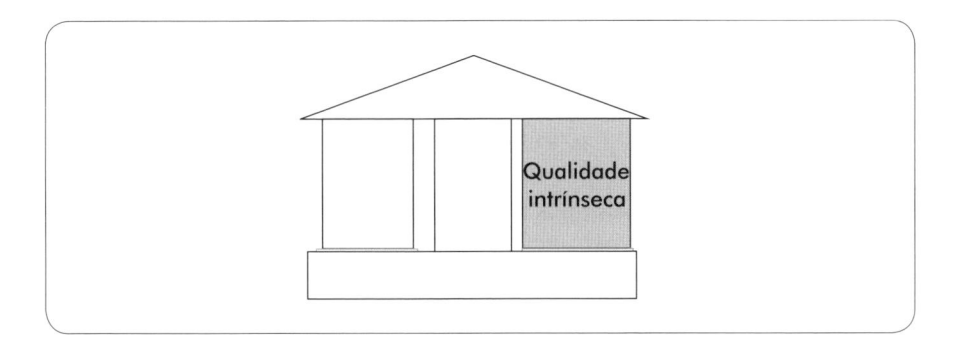

Trabalho padrão: uma ferramenta de qualidade da próxima etapa (20)

"Se o estudante não aprendeu, é porque o professor não ensinou."
Um ditado Toyota

"Melhoria normalmente significa fazer alguma coisa que jamais havíamos feito até então."
Shigeo Shingo

Embora o trabalho padronizado tenha estado sempre na fundação, representa igualmente um poderoso princípio QI. Na Triangle Kogyo, comecei a brincar com formas de fazer com que nossos funcionários trabalhassem mais. Bo ficou observando enquanto eu reequilibrava as minhas linhas de produção durante um tempo e então me chamou ao seu escritório.

"Steve-san. Trabalho Padrão – é Ferramenta de Qualidade ou de Produtividade?"

Eu havia sido treinado pela Admiral Engines.

Retruquei com convicção: "Nós usamos cronômetros. Colhemos observações sobre tempo. Portanto, trata-se de uma ferramenta de produtividade."

Bo sentenciou: "Nada disso. Na Triangle, Trabalho Padrão é a nossa Ferramenta de Qualidade número 1".

Retruquei então: "Não, Bo. Podemos conseguir maior produtividade dos nossos funcionários – trata-se definitivamente de uma ferramenta de produtividade!".

Bo sacudiu a cabeça e franziu as sobrancelhas.

Ele disse: "É uma ferramenta de *Qualidade!* E, como sua punição... você fará Trabalho Padrão com os integrantes da equipe todos os dias durante as próximas duas semanas, sem usar qualquer marcador de tempo – nem cronômetro, nem relógio de pulso."

Eu disse: "Então o que você quer que eu faça?"

Bo disse: "Você irá trabalhar com os integrantes das equipes para descobrir a melhor das sequências e o melhor método. Você irá identificar *Pontos Críticos* de técnicas de montagem e de astúcia que os melhores trabalhadores utilizam. Então você me fará um relatório."

Eu me diverti muito. Durante duas semanas, realmente me concentrei nos trabalhadores e em suas ideias. Uma vez tendo eles entendido que eu pretendia realmente aprender todos aqueles melhores truques da profissão, eles ficaram satisfeitos em mostrar-me os *muitos* pequenos detalhes que comandam a produção de assentos de qualidade. Os melhores trabalhadores já haviam descoberto pontos críticos para cada quatro entre cinco tarefas de processo nas quais eles estavam claramente pensando ou fazendo algo de maneira diferente, e melhor, que trabalhadores menos experientes. Escrevemos tudo isso na coluna chamada de Pontos Críticos (novidade!) e mostramos aos outros integrantes das equipes. Imediatamente, a qualidade melhorou nas linhas em que focamos nos Pontos Críticos. Era pouca coisa, mas que podia ser vista nos gráficos diários de acompanhamento da qualidade. O estranho é que também constatamos pequenos aumentos na produtividade. Depois de duas semanas, voltei ao escritório de Bo.

Perguntei: "Shimono-san, como você sabia que o detalhamento de padrões iria aumentar imediatamente a qualidade?".

Bo foi até o quadro e desenhou um diagrama de espinha de peixe, ou *Ishikawa*.

Rotulou as quatro espinhas principais do peixe como *Homem, Máquinas, Materiais* e *Métodos*, no sentido horário a partir do alto à esquerda.

Ele perguntou: "Steve-san, você sabe resolver problemas com máquinas e materiais?".

Eu disse. "Claro. Normalmente..."

Ele perguntou: "Você pode resolver problemas em que os vários trabalhadores estão usando diferentes métodos e técnicas ou diferentes turnos e rotações?".

Pensei por um momento e então disse: "Não".

Bo riscou todo o lado esquerdo da espinha de peixe (homem e métodos).

Ele disse: "Na Triangle, o trabalho padrão busca remover à metade as possíveis causas-raiz de nossos problemas. Você vê isso?".

Eu vi. Talvez pela primeira vez.

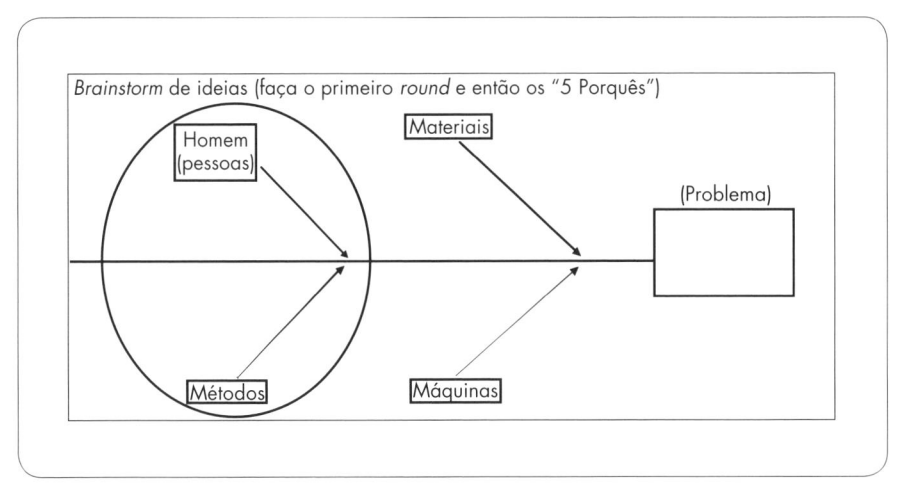

Capítulo 5 – Pilar da qualidade intrínseca: princípios e histórias

[Diagrama de Espinha de Peixe com categorias: Homem (pessoas), Materiais, Métodos, Máquinas apontando para (Problema). Texto no topo: "Brainstorm de ideias (faça o primeiro round e então os "5 Porquês")"]

Figura 5.1 Diagrama Espinha de Peixe ou *Ishikawa*; Trabalho Padrão de boa qualidade pode eliminar as causas potenciais nas categorias dentro dos círculos – possivelmente mais da metade delas.

Ele concluiu: "Trabalho padrão é nossa primeira ferramenta de qualidade porque elimina variações entre pessoas e métodos. Agora ensine essa lição mais uma vez aos integrantes das nossas equipes, antes que eles a esqueçam."

- Reveja um diagrama de espinha de peixe de um problema de qualidade, ou desenvolva um deles para seu próximo problema de qualidade. Você se defronta com eles todos os dias – basta escolher um. Se categorizar possíveis causas-raiz sob Homem ou Métodos, quantas dessas causas potenciais poderiam ser eliminadas pelo desenvolvimento e instauração do Trabalho Padrão?
- Um documento sobre *Trabalho Padrão* foi desenvolvido e atribuído a cada operador?
- Está sendo seguido? Como você sabe disso?
- As melhorias e as atualizações estão sendo feitas em cada documento? Se não estiverem, você entende que os trabalhadores são capazes de descobrir melhores métodos? Você está solicitando que o façam?
- Os Pontos Críticos são documentados para tarefas que exigem astúcia, qualidade, segurança ou descrição de melhores técnicas de montagem?

Minha primeira ferramenta *lean* da Toyota (28)

"Ao resolver problemas, cave nas raízes, em vez de apenas sacudir as folhas."

Anthony J. D'Angelo, The College Blue Book

"Não regue suas ervas daninhas."

Harvey MacKay

Depois daquela reunião do "Você Irá Fracassar", havia chegado a hora de meu próximo encontro com os *senseis* Hiro e Phil. Enquanto me sentava em frente deles, apresentei minha disposição de documentar um Sistema de Produção Johnson Control, Inc. (JCI), da mesma forma que o STP. Perguntei: "Qual é a melhor ferramenta STP que eu deveria aprender em primeiro lugar?".

Hiro e Phil pareceram satisfeitos e responderam em uníssono, "solução de problemas".

Solução de problemas! Melhor dizer logo a eles quem eu sou. Eu disse: "Olhem. Sou um *Certificado* Instrutor de Treine-os-Treinadores de Solução de Problemas. Por que *eu* precisaria aprender a resolver problemas?".

Depois de trocar olhares preocupados com Hiro, Phil desenhou o Mar dos Estoques (ver a Figura 5.2). Ele baixou o nível das águas (estoques ou *lead time*) e mostrou como as rochas (problemas) que estavam pouco abaixo da superfície das águas agora se erguiam acima da superfície. Phil disse: "Steve,

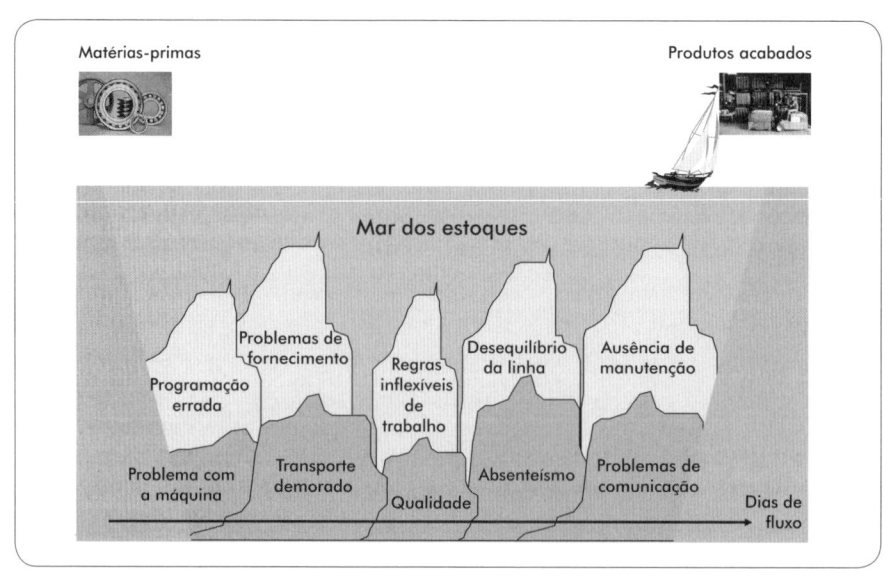

Figura 5.2 Mar dos estoques.

a Toyota acredita que somente iremos resolver todos os problemas ou *rochas* que encontrarmos quando estivermos implementando sistemas STP. Existem apenas duas opções quando descobrimos uma rocha: ou a ocultamos de novo (com estoque ou *lead time*), ou resolvemos o problema – encontramos a causa-raiz e a eliminamos". Phil continuou: "Problemas são como ervas daninhas; a menos que você arranque as raízes, elas voltarão a crescer". Eu tinha ouvido aquilo antes em outro lugar qualquer.

Eu disse: "Muito bem. Meu voo é hoje às 15 horas. Quanto tempo você precisa para que eu possa aprender o seu sistema de solução de problemas?"

Tendo se divertido com a minha frase de *certificado*, Hiro disse: "Você deve ser muito bom, Sr. Super Professor de Solução de Problemas *Certificado*. Porque, se você já é mesmo *Certificado*, isso levará apenas uns seis a sete... meses".

MESES! Eu havia dito ao nosso vice-presidente que iria me tornar mestre em todas as ferramentas conhecidas Toyota, documentá-las no nosso *Sistema de Manufatura JCI* e então disseminá-las por dezenas de outras fábricas – tudo isso em um ano!

Eu aprendia ligeiro. Depois de **oito** longos meses, já havia conduzido as equipes de Phil por um bom número de sucessos em solução de problemas, a ponto de ser considerado por Hiro digno do próximo passo. A Toyota usa um Diagrama de Espinha de Peixe como seu "motor" de causa-raiz. Mas eles também perguntam *por quê*, cinco vezes ou mais, a cada causa potencial de "primeiro *round*" (Figura 5.3). Eu ficara sabendo que esse processo de *brainstorm* baseado em equipe e muita prática de solução de problemas funciona em cerca de 80% das oportunidades. As outras 20% eram soluções de engenharia ou liderança, mas o sistema rápido funcionava muito bem em equipes.

Duas notas engraçadas a respeito da amostra JCI de Formas de Solução de Problemas. Assim que descobríamos um problema, a Toyota nos impunha que imediatamente colocássemos contramedidas em ação, criássemos uma equipe, preenchêssemos o formulário do Plano de Ação (para o principal interessado) e então o enviássemos a eles via fax – tudo isso dentro de 45 minutos!

Enviei a eles, via fax, o formulário a respeito. Mal tinha retornado da máquina de fax, recebi um telefonema do Engenheiro de Qualidade de Fornecedores Toyota.

Ele disse: "Steve-san. O objetivo é sempre Defeito Zero".

A minha linha de objetivo mostrava uma redução para dois apoios de braço do Camry com defeito por semana. Eu disse: "Veja, tivemos 22 apoios de braço ruins em 5.000 conjuntos de assentos na semana passada. Assim, dois é muito bom, certo? Dois é bom?".

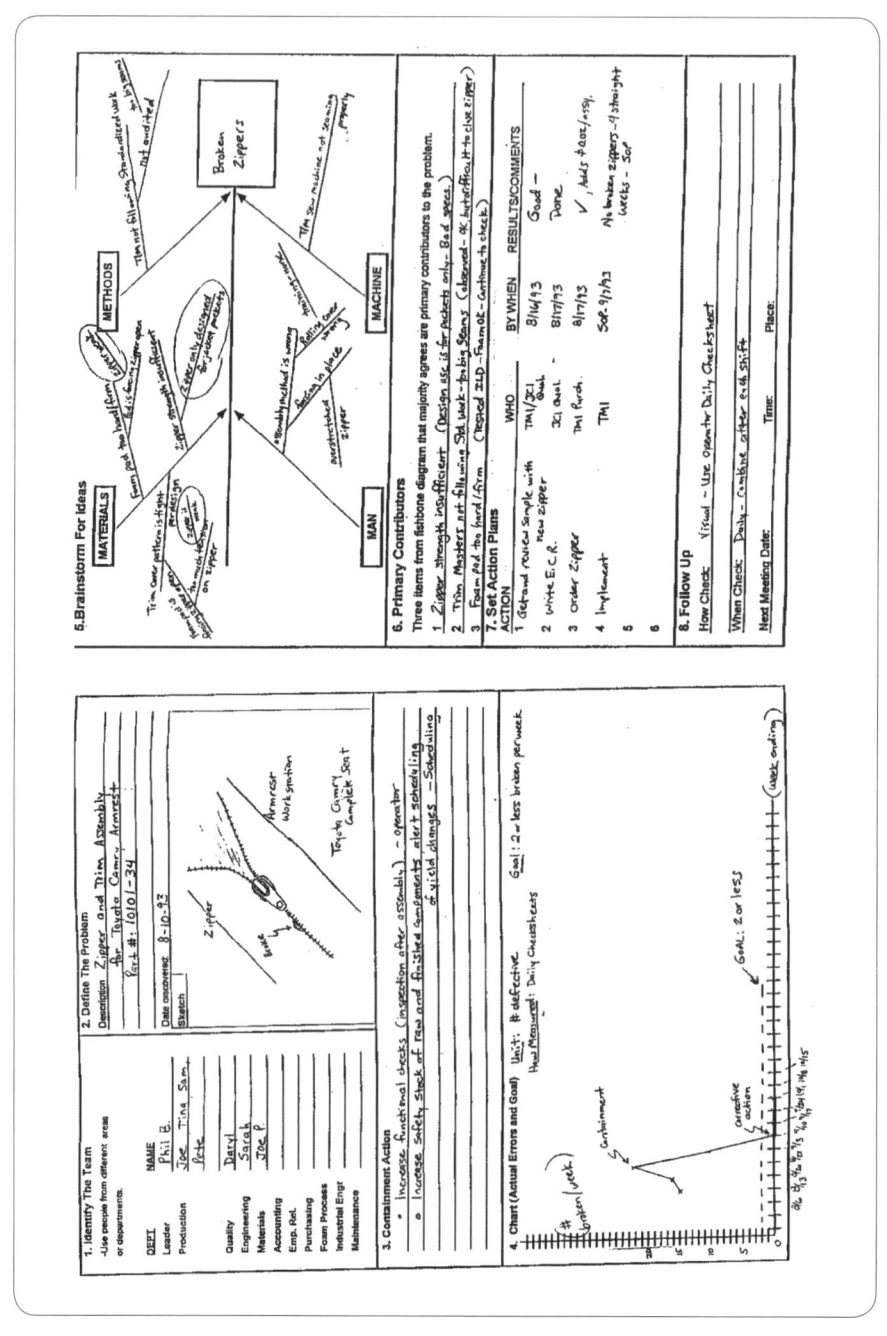

Figura 5.3 Exemplo prático de solução de problemas da Toyota.

Silêncio.

O Engenheiro de Qualidade de Fornecedores Toyota disse: "OK. Você pode ter dois apoios de braço com defeito por semana. Mas VOCÊ vai ter de comprar esses dois Camry com apoios defeituosos todas as semanas!".

Mais que ligeiro, concordei: "Defeito Zero me parece uma boa meta. Vou tratar de mudar o formulário".

Uma segunda história divertida deste Formulário teve relação com nossas Contramedidas Temporárias. Fui forçado a remover a palavra *Inspetores* da Caixa 3 porque a JCI não gostava desse termo. No entanto, quando enviei o original, via fax, para a Toyota, o formulário mostrou três inspetores da JCI a mais por turno dentro de nossa fábrica antes do carregamento dos caminhões.

O Engenheiro de Qualidade de Suprimentos da Toyota disse também, em seu primeiro telefonema: "As suas contramedidas não são *caras* o suficiente!".

Respondi: "Temos três pessoas para ambos os turnos procurando apoios de braços em mau estado. O que mais você pode querer?".

E ele: "Seis!".

Perguntei: "Por quê?".

Ele disse: "Se não tornarmos as Contramedidas Temporárias *caras* o suficiente, vocês as deixarão como parte do seu sistema operacional *permanente*. Vocês são nosso fornecedor mais importante. Eventualmente, ficaremos responsáveis por parte dos seus gastos e desperdício desnecessários. E não estamos dispostos a permitir que isto aconteça".

Eu estava pensando que seis inspetores a mais sequer caberiam em nossa acanhada célula de montagem. Seis por turno! Bem, mas funcionou. A dispendiosa medida temporária manteve a pressão sobre nossa equipe, que rapidamente encontrou a causa real – um zíper de plástico havia sido mudado (estava-se na época da mudança do modelo do ano, e aquela foi uma tentativa não autorizada de um engenheiro para reduzir os custos). A Toyota ensinou nossos engenheiros a como usar um diagrama espinha de peixe reverso antes de levar a cabo uma mudança. Você coloca a possível contramedida ou solução "usar zíper mais barato" na parte de trás da cabeça do peixe, então faz *brainstorms* buscando maneiras em que uma mudança como esta poderia *causar* novos problemas. E dá certo.

- E a sua instalação, como está? Contramedidas *Temporárias*, como inspeções adicionais, se tornam parte do seu sistema operacional *permanente* porque você não chegou à raiz?
- Será que todos os integrantes da sua equipe conhecem uma linguagem comum (metodologia) para solução de problemas de causa-raiz? Não basta ter um formulário. O seu formulário tem uma caixa rotulada 'Escreva aqui sua Causa-Raiz"? (Se você sabe qual a causa-raiz, não teria necessidade de um formulário como este.)
- Os seus engenheiros sempre utilizam um diagrama reverso de espinha de peixe ao avaliar as mudanças?

Delegação de autoridade e reuniões entre turnos (28)

"Se você não tem tempo para fazer a tarefa direito, precisa achar tempo para fazê-la de novo."

Autor desconhecido

Aprendi bastante a respeito de como elaborar sistemas de solução de problemas. Sempre usávamos um gráfico de acompanhamento para mostrar não apenas toda a gravidade do problema em um determinado dia ou semana, mas também a tendência. Fomos ensinados a inserir uma meta no gráfico. Também escreveríamos "Grande Celebração" perto da linha da meta. A Toyota exigia que os fornecedores cumprissem sua meta durante seis semanas seguidas antes que a equipe de solução de problemas pudesse celebrar e então parar de reunir-se. Era amor duro, mas evitou que parássemos os encontros cedo demais.

A Toyota delega autoridade para uma equipe para fazer a solução de problemas. Para eles, uma equipe de solução de problemas é como uma equipe militar das Forças Especiais. Quando uma equipe das Forças Especiais é delegada, cumpre a missão a ela destinada ou morre tentando. Não há espaço para hesitar, para ter a atenção desviada do objetivo, nem para desistir. Não estou tentando ser mórbido. Tenho um imenso respeito por esses guerreiros especiais.

Na Solução de Problema Prático da Toyota (Figura 5.3), nossa equipe tinha três semanas seguidas de defeito zero. Três semanas depois, houve uma comemoração realmente grande na planta. Era divertido ter um líder Toyota celebrando conosco e reconhecendo o trabalho da equipe. Eles também receberam camisetas comemorativas e um profundo agradecimento de Phil e dos líderes da JCI.

Uma observação sobre tempos de reunião. Logicamente, nossa pequena fábrica não podia *sustentar* 30 ou mais equipes de seis a 10 pessoas fazendo reuniões semanais até atingirem seis semanas contínuas de defeito zero. A Toyota, porém, exigia isso. A alternativa seria ainda mais dispendiosa – verdade. A Toyota recomendou que fizéssemos reuniões na troca de turnos. Integrantes das equipes deveriam ser liberados das suas tarefas de produção para participar.

Depois da reunião inicial (normalmente de uma hora), era delegado autoridade às equipes para continuar a reunir-se diária ou semanalmente (dependendo da gravidade) durante 15 minutos ao final do primeiro turno e mais 15 minutos ao início do segundo turno. Eles pagavam apenas 15 minutos de hora extra por membro de equipe por semana. Isso reduzia as horas extras. Mas isso também nos permitiu evitar a perda de trabalhadores demais em qualquer outro turno mediante o uso de membros de equipes de ambos os turnos. Isso foi genial! Isso também nos permitiu implementar soluções com agilidade, porque diversos turnos haviam aderido às ideias então em estudo. Isso racionalizou as comunicações e deu autoridade aos integrantes das equipes. À medida que aumentamos nossas reuniões entre os turnos, muitas das batalhas entre esses turnos também foram resolvidas.

- Você costuma delegar autoridade para suas equipes? Elas têm o mesmo espírito de uma equipe de forças especiais? A gerência realmente permite que elas continuem se reunindo até atingirem os alvos?
- Quando essas equipes se reúnem? Onde? Você utiliza para tanto reuniões entre os turnos?
- Você enfrentou dificuldades difundindo ideias ou padrões para outros turnos? Eles estiveram envolvidos (representados) na solução?
- Como você costuma celebrar sucessos na solução de problemas? Você compartilha essas formas bem-sucedidas com outras fábricas e sedes?

Autoridade para interromper a linha de produção (30)

"Propósitos e princípios simples e transparentes dão origem a atitudes complexas e inteligentes. Regras e regulamentos complexos dão origem a atitudes comuns e estúpidas."

Dee Hock

Depois de nos especializarmos em solução de problemas e muitas das ferramentas da fundação, chegamos a desenvolver células de fluxo unitário de peças na JCI. Nós as colocamos em prática com gestão visual e até nos aventuramos em troca rápida de ferramentas (TRF) e manutenção produtiva total. Mas, à medida que passamos a produzir mais rapidamente, começamos também a produzir defeitos com mais rapidez. Precisávamos então garantir qualidade, e depressa!

Chegara a oportunidade da minha nova reunião com os *senseis* Hiro e Phil. Eu lhes contei das nossas mudanças e da batalha para sustentá-las. Eles sorriram e me incentivaram. Também disse a eles que havíamos começado a produzir mais defeitos. Os sorrisos desapareceram.

Perguntei: "Como a Toyota atinge grande eficiência com qualidade perfeita todos os dias? Qual é a principal *ferramenta de qualidade* que a Toyota usa para atingir ambos os objetivos simultaneamente?".

Hiro e Phil olharam um para o outro e disseram quase ao mesmo tempo: "É a *Autoridade de Interromper a Linha*".

Eu disse: "Não, o que eu estou buscando é a *ferramenta* da qualidade. Vocês sabem, como *poka-yoke*, gráficos de CEP, ou *jidoka*".

Eles me olharam carrancudos e repetiram: "Nós já dissemos. É a *Autoridade de Interromper a Linha*".

Entreguei os pontos e comecei a escrever enquanto eles descreviam aquele conceito para mim. Hiro disse: "Qualquer um *deve* parar a linha quando sentir que um erro ou uma anormalidade *pode* ocorrer. Nós avaliamos e recompensamos este tipo de ação. O funcionário usa algum tipo de sinal de *andon* ou de pedido de ajuda, às vezes mostrado em um painel pendurado ali perto mesmo. Isso deve produzir reação imediata de um supervisor ou gerente".

Como anteriormente declarado, a Toyota faz o acompanhamento do número de puxões de cordões de *andon* a cada turno em cada seção de suas linhas, ao estilo CEP. Constatando-se um número excessivo de puxões, eles interrompem a linha, reúnem os trabalhadores e resolvem os problemas (por exemplo, uma sequência de peças defeituosas com origem em fornecedores). Mas, se os puxões parecem escassos, eles igualmente param a linha, reúnem os trabalhadores e resolvem os problemas.

A linha ou processo não para imediatamente; ela simplesmente chama para o local da constatação do problema outro par de olhos, de imediato. Eles procuram resolver o problema em conjunto, com a linha ainda em movimento. Então decidem em conjunto se a linha deve ser mesmo interrompida para resolver o problema.

O supervisor é treinado para dizer a mesma coisa cada vez que é chamado. "Obrigado. O que você está vendo?". Ele supõe que o trabalhador tenha notado um problema que pode terminar afetando o cliente. O trabalhador tem a autoridade final para impedir que os defeitos atinjam o consumidor. Isso até faz você desejar comprar um Toyota, não é verdade? Empresas de assistência à saúde estão também começando a implementar este princípio-chave.

Pensei em centenas de razões pelas quais nossos funcionários não se atreveriam a essa parada – principalmente em função da gritaria que supervisores, como eu, iriam fazer. Teríamos um longo caminho a desbravar nessa linha. Mas tentamos, tentamos de novo, e tentamos...

- E com você, qual é o sistema? Os integrantes da sua equipe têm *todos* a autoridade de interromper a linha?
- Como questão de prática diária, eles *interrompem* a linha? Se você estiver hesitando para dizer sim, pense em algumas das razões pelas quais os trabalhadores não alertam alguém quanto à possibilidade da existência de um erro. E como você poderia eliminar essas razões?
- Os *andons* na verdade não interrompem a linha de imediato. O que acontece quando alguém puxa um cordão ou pede ajuda? Isso mesmo – alguém surge para ajudar. Isso proporciona outro par de olhos para examinar a anormalidade. E quem, na sua instalação, poderia acorrer imediatamente em ajuda em caso de um chamado semelhante?
- Quando a Toyota usa acompanhamento estilo CEP e interrompe a linha em função de escassez de puxões de cordões de *andon*, qual é, na sua opinião, a preocupação que os leva a isso?

O painel de *andon* dispendioso e quebrado (31)

"O caminho para o sucesso está sempre em construção."

Provérbio Chinês

Alguns anos mais tarde, um aluno de um dos meus cursos sobre *Lean* ligou-me, certo dia, para relatar que havia implementado um painel de *andon* (ver Figura 5.4), quase exatamente igual à de um dos meus *slides*.

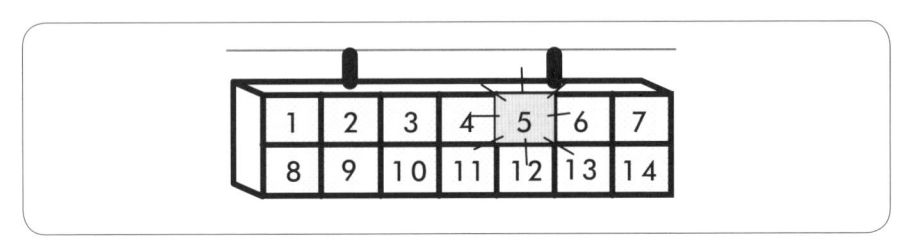

Figura 5.4 Painel de *andon* simples montado no teto.

Ele disse: "Cento e sessenta e sete mil dólares!".

"O quê?"

Ele então explicou que sua empresa precisava de medidas rápidas de melhoria. Assim, imediatamente voltou do curso, instalou um painel de 14 estações de *andon* e a conectou a todas as estações de trabalho em uma linha de produção.

Ele disse: "Os trabalhadores puxavam seus cordões de *andon*, mas ninguém atendia ao chamado!".

Pensei comigo mesmo: "O que este sujeito esperava – uma empresa de reparos descendo do teto?"

Mas disse apenas: "Muito bem, como posso ajudar você?"

Ele disse: "O sistema de painel de *andon* quebrou no dia seguinte."

Eu disse, já impaciente: "Por favor, vamos direto ao ponto!"

Ele respondeu: "Então fomos a um supermercado e compramos algumas daquelas bandeiras amarelas de bicicletas – sabe, aquelas de sinalização?"

"Sim, continue."

"Sempre que um trabalhador precisava de ajuda, ele erguia a bandeira."

"Tudo bem, sei, mas continue, por favor..."

Ele respondeu: "Mesmo assim, ninguém atendia aos chamados!"

A essa altura eu estava frustrado. Perguntei, com os dentes cerrados: "O que posso fazer por você?". Ele disse: "Só queria que você contasse essa história aos participantes sempre que ensinasse esse princípio. Ao final, chegamos a um acordo sobre *quem* responde e *como* responde e então liberamos todos para continuarem assim. Era disso que realmente precisávamos. Por favor, diga aos seus alunos que eles precisam elaborar em primeiro lugar alguma espécie de sistema de resposta do supervisor." *Touché*. Continuo aprendendo alguma coisa com os meus alunos todo santo dia. Aprendo até com as perguntas que me fazem.

- E com você, o que acontece? Se um dos seus bons funcionários alerta alguém de que poderia existir um erro, de que forma isso seria feito?
- Se alguém puxasse um cordão de *andon*, alguém iria *algum dia* aparecer? Por que, ou por que não?
- Você está incentivando, acompanhando e recompensando os funcionários para agirem da forma adequada? Como isso poderá ser um catalisador para levar todos os funcionários a usarem o sistema?
- Começando com somente uma célula, ou linha, como você poderia trabalhar sobre *quem* responde e *como* e então liberar o sistema a funcionar dessa forma? O que o impede de fazer isso?

Aumentando o sinal do *andon* (32)

"O que você vê depende daquilo que você pensou antes de olhar."

Eugene Taurman

Tenho levado líderes de empresas a percorrer as operações da Toyota no Estado de Kentucky em algumas oportunidades. Em uma dessas, um pequeno grupo observava uma linha de montagem enquanto esperava pelo restante da nossa equipe. A Toyota não usa complicados sistemas *andon* luminosos para todos os sinais. Eles são caros, como você deve ter notado na história anterior, e nem todos os que devem responder conseguem ver o painel luminoso de todos os pontos da fábrica. Você precisa de linha de visão para os painéis de *andon*. Por isso, a Toyota usa sons ou músicas cada vez mais para demonstrar qual linha ou qual encarregado necessita de atenção.

Uma música de linha de *andon* começou a tocar por um alto-falante. O líder Toyota apontou na direção de uma seção da linha. Um *flash* luminoso estava também sinalizando o local do problema.

Depois de um ou dois minutos, nosso líder anunciou: "Muito bem, vocês vão ver tudo isso ao vivo".

Eu indaguei: "Ver o quê?"

"Depois de três minutos sem que ninguém responda, o sinal de *andon* vai ficar mais alto. Isso significa que o supervisor ou gerente do encarregado de reagir fica agora encarregado de responder."

E completou: "Ali vai ele..."

A música animada a essa altura transformou-se em um pesado "du, du, du, du. Du, du, du, du."

Antes da próxima nota, um gerente de gravata torta correu da área dos escritórios em direção ao sinal luminoso. Ele era o reserva da Equipe do Líder. Parecia estar procurando pelo líder de equipe, que, a essa altura, ajudava a tratar de um trabalhador que havia desmaiado. Os sinais de *andon* da Toyota continuam aumentando até um nível em que o próprio Presidente Executivo (CEO) se vê obrigado a responder. A propósito, você não iria querer que isso acontecesse com sua fábrica. Trata-se de um sistema realmente automático 24 horas, 7 dias por semana, que exige uma resposta.

- E você, já decidiu quem é encarregado de responder? Os encarregados têm tempo para isso?
- O que significa um "sistema automático 24 horas, 7 dias por semana, que exige uma resposta"? Você já tem algo parecido? Se não, o que ainda é necessário para tanto? Qual é o próximo passo?
- Você já instalou um dispositivo de respostas com aumento de volume no seu sistema?
- O que é mais importante, uma reunião ou uma resposta de cinco minutos ou menos ao sinal de *andon* da linha de produção?

Capítulo 6

Resumindo tudo (o teto ou os resultados)

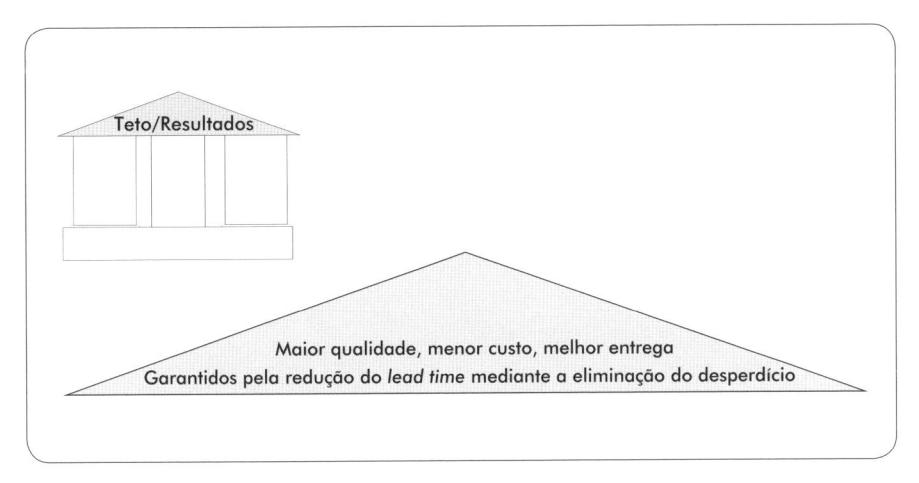

```
                  Teto/Resultados

              Maior qualidade, menor custo, melhor entrega
         Garantidos pela redução do lead time mediante a eliminação do desperdício
```

A parte mais importante da Casa Toyota não está nas sólidas fundações, nem nos pilares sustentados por princípios. O *sensei* treinado pela Toyota pode argumentar que o pilar central do Respeito pelas Pessoas ou pela Cultura é a parte fundamental. Este autor, no entanto, acredita que a casa como um todo é a chave da questão. Não existe maneira de escolher um único princípio e isolá--lo dos demais. A simplicidade e a beleza da implementação do modelo da casa são visíveis.

Um foco essencial da Casa Toyota é o objetivo. A Estrela do Norte é o teto ou os resultados. É preciso compreender que o Sistema Toyota de Produção (STP) não é o objetivo. Nem o é qualquer uma das ferramentas. O objetivo é construir um sólido empreendimento que produza bens e serviços da melhor qualidade, custo e entrega do setor. Tudo isso garantido.

Foi essa garantia que me atraiu para o STP e a busca do "tudo Toyota". Jamais ouvi alguém falar com tanta confiança de outras metodologias e processos de melhoria – e experimentei tudo que existe nesta área. A garantia é esta: *se* você constrói uma fundação sólida, então irá construir tudo *just-in-time*, ao mesmo tempo construindo com qualidade, enquanto desenvolve uma cultura de trabalhadores multifuncionais, capazes, altamente motivados para ter a melhor qualidade, custo e entrega no setor de negócio. Tudo isso garantido!

❖ O que é o sucesso?

As organizações que implementam o STP variam amplamente. O mais interessante nesta situação é que seus sucessos compartilham um padrão definido de ajustes e inícios, seguidos pela estabilização, somente para ficarem chateados novamente com mudanças sistêmicas. Outra semelhança que caracteriza as empresas de sucesso é a dos seus resultados. Quando se observa uma métrica única, digamos, a produtividade, parece que ela aumenta lentamente durante algum tempo para posteriormente passar a crescer exponencialmente.

O observador precisa também definir o que é sucesso. Sucesso, para os propósitos deste livro, são os resultados sustentados um ano depois da realização de grandes mudanças. Muitas métricas podem ser para tanto usadas, mas é preciso medir no mínimo o *lead time* total tempo de processamento do produto, os giros de estoques e os defeitos.

Melhorias mensuráveis sempre acompanham a implementação do STP em um sistema inteiro. Esses resultados têm sido validados em oportunidades incontáveis pelos mais diversos padrões industriais.[1] Os resultados típicos de organizações que atingem o sucesso por meio do STP são:

- Melhoria de produtividade/trabalho direto   45-75%
- Redução de custos   25-55%
- Aumento do resultado máximo/fluxo   60-90%
- Redução dos defeitos (refugos e retrabalhos)   50-90%
- Redução de estoques   60-90%
- Redução de espaço   35-50%
- Redução do *lead time* total   50-90%

❖ Suor e sangue

A implementação e a mudança de cultura STP também requer trabalho duro. Nas palavras de Taiichi Ohno, "você deve contribuir com sabedoria para a empresa. Se você nada tiver a contribuir neste sentido, contribua com seu suor! Pelo menos, trabalhe com afinco e não durma! Do contrário, peça demissão!".

E você, o que tem a dizer a respeito? Está pronto para encarar o árduo caminho da mudança? O maior obstáculo à mudança é o comportamento humano. Isso pode ser mudado lidando-se com um processo de cada vez. Dê ao seu pessoal as chaves dos seus próprios processos. Ensine a cada um deles como eliminar o desperdício e resolver problemas. E então fique observando o que irá acontecer.

❖ Minhas histórias mais interessantes sobre o teto

As histórias a seguir pretendem oferecer um melhor entendimento do **Teto** da Casa Toyota. Por favor, leia e reflita sobre as perguntas ao final de cada uma delas.

Keiretsu mal realizado (25)

"O fracasso é somente a oportunidade para começar de novo, com mais inteligência."

Henry Ford

Às vezes até mesmo empresas enxutas não sobrevivem. A mudança integral pode paralisar uma empresa que continue aferrada a velhas práticas e convicções.

Os corredores da Triangle foram, certa vez, varridos por um rumor de que uma empresa integrante das Três Grandes e sócia da Mazda havia assumido uma posição majoritária na planta do nosso cliente. Quase sem respirar, invadi o escritório de Bo e falei em um impulso: "É mesmo verdade?". Bo dispensou os outros assessores e me olhou com gravidade. "Steve-san, não perca seu tempo com rumores. Estamos em um *keiretsu* – uma família de clientes com fornecedores fiéis para a vida inteira. Até mesmo o carro da Mazda tem bancos da marca Triangle. Foi sempre assim e sempre será assim!" A voz de Bo parecia atravessar as paredes. Era como se ele estivesse tentando convencer-se de que aquilo continuaria a ser verdadeiro.

Fiz o máximo que pude para informar Bo a respeito das estratégias norte-americanas de aquisição de empresas. Eles não queriam saber nada de *keiretsus*. Implorei-lhe que pressionasse por novos contratos e buscasse novos clientes. Mas lealdade é código de honra em um *keiretsu*. Não existe essa coisa de "outro cliente". Um concorrente norte-americano a essa altura já estava produzindo a outra metade dos bancos dos automóveis da Mazda.

Eu sabia o que precisava fazer. Precisei de apenas três semanas para as entrevistas e a assinatura de um contrato com a maior fabricante norte-americana de assentos automobilísticos, a Johnson Controls, Inc. (JCI). Poucos meses depois da minha saída, a Triangle perdeu seu contrato de fabricação de assentos. A antiga sócia da Triangle, uma das Três Grandes, contemplou-a, a título de consolação, com a compra de algumas pequenas peças para uma fábrica de caminhões mais para o sul. Dentro de um ano, a Triangle fechou as portas. Bo Shimono, leal e trabalhador infatigável, tomou um avião de volta ao Japão, um homem derrotado. Mas seus princípios perduram aos cuidados de um punhado de *trainees* (ainda) em ação e que são humildes o suficiente para ficarem estacionados em um círculo. Sem arrependimentos.

- Quem é o seu *sensei*?
- Se você tem ou teve um *sensei*, qual foi a última vez que se sentiu desconfortável em relação a ele? Se isso não representou momento de dor algum, você provavelmente não teve um *sensei*.
- Missão: coloque no Google a frase "Supplier Working Relations Index" (Índice de Relação de Trabalho dos Fornecedores), aprenda tudo o que puder sobre o tema. Se você é um fabricante de equipamentos originais, compare-se com as 18 áreas e então implemente ações imediatas para melhorar. Você também tem fornecedores. Qual seria o escore que a eles atribuiria?
- O que Bo poderia ter feito em matéria de autoproteção contra o fato de depender totalmente de um único cliente?

> **(Consulting) Funciona! (37)**
>
> "O desperdício é um imposto que todo o povo acaba pagando."
>
> **Albert W. Atwood**

Um dos meus primeiros sucessos como instrutor em STP ou *Lean* foi em uma montadora de controles robotizados. Naquela época, Mike Rother e John Shook haviam completado seu formidável livro de aprendizado *Learning to See* sobre mapeamento do fluxo de valor (em inglês, Value Streau Mapping – VSM), uma das mais úteis ferramentas no arsenal do STP. Mike compartilhou comigo parte de seus gráficos e anotações intrínsecas à da ferramenta, e eu agradeci.

Nós realizamos um VSM conduzido pelo líder. A equipe desenhou uma visão geral e então se dedicou a implementá-la. Não usamos os típicos eventos *kaizen* de cinco dias, que eram ainda novidade para mim. Um "padrinho" forte e ativo e um líder de equipe comprometido mantiveram a equipe focada no detalhamento do plano de ação. Em conjunto, o *lead time* foi reduzido em 97%, o trabalho em andamento (WIP) foi reduzido em 50%, e a produção duplicou, tudo isso sem demissões. Ver os resultados na Figura 6.1.

Resultados semelhantes foram também alcançados em outros grandes projetos e empresas. Eu então percebi a existência de um claro relacionamento entre os resultados e a preparação do projeto! Preparação atuante antes dos *workshops* produzia grandes resultados. Preparação incompleta ou apressada não produzia bons resultados. O mesmo cenário se desenhou quando um "padrinho" atuante e líderes de equipes comprometidos não eram preparados com antecedência.

Ajudei o autor e professor Dr. Jeffrey Liker a organizar a sua empresa de consultoria em *lean*, a Optiprise. Ajudamos a implementar princípios STP em empresas que achavam que eles não iriam funcionar. Se eu ganhasse um centavo a cada vez que ouvi "mas nós somos diferentes"... Depois de vários grandes sucessos, finalmente comecei a me sentir à vontade com o conjunto de ferramentas da melhoria. Mas a verdade é que nunca parei de aprender.

	Antes	Depois	% Melhoria
Espaço utilizado	3.000 m²	1.100 m²	63,3%
Lead time	247,0 h	8,2 h	96,7%
Deslocamento da peça	3,4 km	0,65 km	81,0 %
Trabalho em andamento (WIP)	—	—	50,0%
Pessoal	10 trabalhadores	5 trabalhadores	50,0%

Figura 6.1 Resultados do mapeamento do fluxo de valor (VSM).

- E quanto a você? Sente que sabe tudo o que existe a respeito do conjunto de ferramentas de melhoria contínua?
- Como classificaria a preparação do seu grupo para um *workshop*? Pense nos seus últimos cinco movimentos de melhoria. A preparação foi boa? Seria coincidência? É possível desenvolver uma lista de conferência da organização à prova de erros?
- Você implementa os seus planos de ação de mapeamento do fluxo de valor parcialmente no longo prazo, ou utiliza apenas eventos *kaizen* ou *workshops*? Existe sabedoria em realizar parte de ambas as modalidades?

Um "aviso fúnebre" é uma plataforma ardente (38)

"Se você não gosta de mudança, gostará ainda menos da irrelevância."

General Eric Shinseki

Quando aceitei trabalhar como instrutor de *lean* para um fabricante de amortecedores, estava preocupado com o complexo de superioridade que parecia infectar as montadoras de automóveis. Quando Jeff Liker e eu falávamos e incentivávamos as empresas a tentar uma abordagem estilo Toyota de verdade, uma reação muito comum era do tipo "já estivemos lá, já fizemos isto, conquistamos a camiseta da liderança".

A fábrica de amortecedores era diferente. Imperava ali uma espécie de desânimo que era nitidamente perceptível. Estavam cansados de ciclos de demissões. Demitir quando a situação piorava e contratar de novo (alguns) quando as coisas melhoravam. Altos custos da mão de obra e distâncias dos clientes e dos fornecedores principais pareciam destinados a afundar de vez aquela outrora imponente e orgulhosa fábrica. A liderança corporativa enviou àquela instalação um "aviso fúnebre" (comunicado de iminente fechamento). Eles tinham cerca de seis meses para uma improvável recuperação.

Perguntei ao gerente-geral da fábrica o que seria necessário para protelar o fechamento. Ele disse: "Precisamos economizar rapidamente US$1 milhão". Eles já haviam demitido grande parte dos trabalhadores do segundo e do terceiro turno. O gerente não sabia mais o que fazer.

O gerente-geral acompanhou-me em uma caminhada pela fábrica. Cada espaço disponível, e até mesmo os corredores, estavam lotados de estoques WIP.

Eu sorri e falei: "Senhor, está na hora daquele grande saque".

Ele disse: "Não há como. Não temos dinheiro nenhum disponível".
Eu disse: "Nada disso, banco errado. Vocês precisam efetuar um grande saque do seu banco de estoques!".

Alguns dias depois, já contávamos com um plano VSM e visão para o fluxo e para a produção puxada. Precisávamos era vender essas grandes mudanças aos trabalhadores.

Em uma série de reuniões de comunicação com todos os trabalhadores, demonstramos a força do fluxo e da produção puxada usando uma simples simulação manual. Os funcionários riram e se mostraram céticos. Não posso culpá-los. Cada programa corporativo anual até ali havia significado, para eles, agravamento da situação e mais demissões. O gerente da fábrica mostrou-lhes o plano para remover US$1 milhão em estoques WIP. Disse que seria aquilo ou fechar a fábrica. Depois de uma breve pausa, um operário grandalhão pediu licença e disse: "Vamos lá, companheiros, vamos ver no que dá essa coisa do fluxo e da produção puxada".

Em cerca de seis meses, aquela fábrica havia se livrado de cerca de US$1,4 milhão de WIP e outros supérfluos. Dentro de um ano, a fábrica conquistou o prêmio de *Fábrica de Maior Melhoria no Mundo*, concedido pela matriz da empresa. A fábrica perde e então recupera seu foco no estilo STP quando um novo gerente-geral chega e tenta evitar o envolvimento dos trabalhadores. Uma vez envolvida pesadamente na implantação do STP, a força de trabalho não concordará em retornar ao tradicional estilo de gestão "tirem as mãos, desliguem os cérebros". Aquela fábrica ainda funciona. Coisas vivas jamais querem morrer.

É certamente mais fácil implementar uma mudança rápida quando você fica sem outras alternativas. Talvez isso tenha sido uma bênção para aquela fábrica.

- Você já fez uma grande retirada do seu maior banco?
- É correto forjar um Aviso Fúnebre? Se não for, qual *plataforma em chamas* para a mudança você poderá comunicar a fim de convencer as pessoas da necessidade de entrar em ação?
- Os funcionários são insensibilizados ou imunes aos anúncios de uma iminente derrocada?
- Por que você acredita que essa fábrica iria "perder e então recuperar seu foco no estilo STP"?

> **Quando serei diplomado? (39)**
>
> "Amadores trabalham até acertarem tudo. Profissionais trabalham até o ponto em que não há mais possibilidade de errar."
>
> Autor anônimo

"Quando vou receber meu certificado de facilitador ou instrutor em STP?" Muitos já me fizeram essa pergunta, especialmente, por algum motivo indefinido, em organizações governamentais. Sempre respondo que os princípios do STP são aprendidos pela *experiência continuada*. De nada adianta participar dez dias de aulas às vezes monótonas e então apresentar um pequeno projeto.

Na prática, é possível para alguém realizar *workshops* ou eventos STP bem-sucedidos com apenas três etapas cumpridas. No treinamento médico, eles dizem "veja um, faça um, ensine um". No STP, gostamos de ver um facilitador em potencial ser participante de um *workshop*, depois coliderar um *workshop* com um *sensei* treinado e então tentar um *workshop* por conta própria. Ele sempre cometerá pequenos erros, mas pequenos erros acabam ajudando a consolidar a verdadeira experiência e conhecimento de um facilitador. Não existe professor melhor que a experiência.

George Koenigsaecker[2] transformou várias e bem-sucedidas empresas norte-americanas usando os princípios do STP. George gosta de dizer que ninguém é *certificado* como um instrutor especialista em STP enquanto não completar 60, ou mais, projetos *lean* de sucesso. George sabe o que está falando. Minha eficiência com o sistema abrangente de ferramentas (não apenas uma ou duas delas) era digna de suspeita até eu atingir este ponto. Embora esse nível de experiência pudesse parecer a mim mesmo excessivo nos meus primeiros anos, agora acredito que seja um teste realmente válido.

Bo Shimono, da Triangle Kogyo, nunca chegou a dizer que eu estivesse *certificado*. O que aconteceu foi que, certo dia, ele simplesmente parou de gritar comigo.

- Você pretende ter um *certificado* de *Instrutor Lean*? Por quê? Essa certificação foi prometida por um consultor? O que você precisaria fazer para tanto?
- Quantos projetos de sucesso você facilitou ou liderou diretamente (não apenas apareceu no palco para as badalações cerimoniais)?

- Você acha que 60 projetos *lean* bem-sucedidos seja um número exagerado para que alguém possa se proclamar um especialista na matéria? Por que, ou por que não?
- Quantos projetos ou eventos são necessários antes que você possa tentar realizar um deles por conta própria?
- Palpite: Bo diria "Mais rápido é melhor".

Auditorias de corpo presente ou auditorias estratificadas (40)

"Por que não tornar o trabalho mais fácil e mais interessante, de maneira que as pessoas não precisem suar?"

Taiichi Ohno

Outra implementação bem-sucedida dos princípios do STP ocorreu em uma empresa de revestimento de lentes. Era necessário um prazo médio de 14 dias para receber, revestir, processar, embalar e reenviar as lentes. A empresa tinha também mais de US$1 milhão de WIP ocupando cada polegada de espaço disponível. Uma barbada.

Rapidamente identificamos o gargalo (pista: os estoques acumulados em frente à operação gargalo do processo). Desenhamos no chão de fábrica alguns simples quadrados de *kanban* em frente ao gargalo. Consideramos cinco níveis de cartões – um para cada processo gargalo de estampar/embalar (ver a Figura 6.2). Depois disso, documentamos, comunicamos e pusemos em vigor esse novo limite de WIP e sinal de produção puxada. Quando todos os níveis estavam preenchidos, o operador no processo anterior (cozimento) conseguia abrir a porta do forno, deixando, porém, o carrinho das lentes carregado com bandejas e lentes de cerâmica no forno.

Os operadores reclamavam: "Mas assim não teremos como cozer novas lentes!".

Eu disse: "É isso mesmo. Vocês não precisam delas".

Os operadores diziam: "O que faremos então?".

Eu disse: "Ajudar a carimbar e a embalar lentes. Se vocês revestirem mais lentes, elas vão ficar simplesmente largadas pelos corredores. Para que possamos expedir maior número de lentes hoje, iremos encher o 'supermercado' de WIP o máximo possível e então sair por aí ajudando os outros setores".

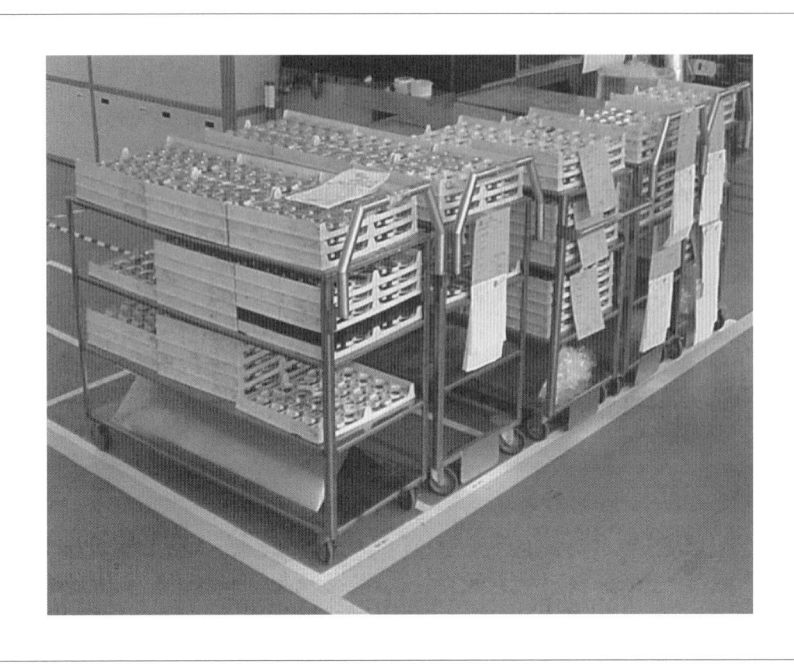

Figura 6.2 Quadrados simples de *kanban*; sinais de produção *puxada*.

Natureza humana: Os trabalhadores tinham recebido durante anos as recomendações "mantenham-se ocupados" e "façam exclusivamente lentes". Eu sabia que a mudança seria dura para eles. Eu sou um instrutor meio maluco. Não só os ajudei a implementar aquela mudança radical, como também estava ali na segunda-feira, parado junto às áreas modificadas para cuidar que as mudanças não fossem revertidas. Eu chamo a isto de "auditoria de corpo presente". Estar fisicamente próximo de processos-chave faz maravilhas no sentido de que sejam implementados. Isso dá também ao líder uma boa oportunidade de explicar aos trabalhadores o *porquê* da mudança efetuada e identificar os participantes que tiveram as melhores ideias para as mudanças.

Dez minutos depois de verificar a área WIP, um dos especialistas no revestimento de lentes chegou por ali com um carrinho lotado de lentes. Ele me viu de braços cruzados perto do limite da área WIP, fez cara feia e voltou para o forno. A Lei do Menor Esforço funciona contra mudanças como esta. Se o operador do revestimento conseguir carregar alguns fornos e então mantê-los em funcionamento para um ciclo de oito horas, ele estará conseguindo, ao mesmo tempo, ir para a cafeteria e ficar jogando cartas com os colegas.

Mas você precisa inspecionar todas as mudanças-chave. Mais importante ainda, precisa fazer essas inspeções com bastante frequência. Quando todos os participantes tiverem passado sem problemas por todas as inspeções em cada mudança durante um mês, você poderá diminuir para inspeções semanais e então talvez mensais. Os trabalhadores sabem que costumamos apenas inspecionar aquilo que é realmente importante.

Outro conceito importante é o de auditoria estratificada. Começando com suas mudanças críticas, faça com que um dos líderes de sua maior confiança inspecione as folhas de auditoria que os líderes de equipes ou supervisores preencheram. Eles precisam inspecionar os inspetores. Faça perguntas difíceis. Essas auditorias estratificadas precisam ser feitas imediatamente, ou no mínimo pouco depois, que os líderes ou supervisores de equipes tiverem documentado suas inspeções. Além disso, precisam ser feitas no local em que o trabalho acontece. Você certamente se surpreenderá com quanto "castigo caneteado" os supervisores fazem quando estão realmente ocupados. Por isso, não permita que o façam.

Funcionou! Os *lead times* foram reduzidos para dois dias, e mais de US$1 milhão em estoques foi extraído do capital de giro em 90 dias!

- Pense a respeito de tudo aquilo que você inspeciona em sua fábrica. São aqueles os únicos pontos importantes? Não existem outros que deveriam passar por uma auditoria?
- Você costuma inspecionar todas as mudanças-chave? Ou quem o faz? Fica tudo documentado?
- Você costuma inspecionar as inspeções? Isso não precisa levar muito tempo. Escolha apenas uma amostragem e examine os resultados. O que você conseguiu constatar?

As terríveis percentagens de sucesso do *lean* (41)

"Um ambiente em que as pessoas são obrigadas a pensar traz consigo sabedoria, e essa sabedoria traz com ela *kaizen*."

Teruyuki Minoura

É possível que você tenha se deparado com estatísticas como estas. Os projetos *lean* têm sucesso em apenas cerca de 10% das oportunidades (ver Figura 6.3). Este estudo da Association for Manufacturing Excellence (AME) inquiriu líde-

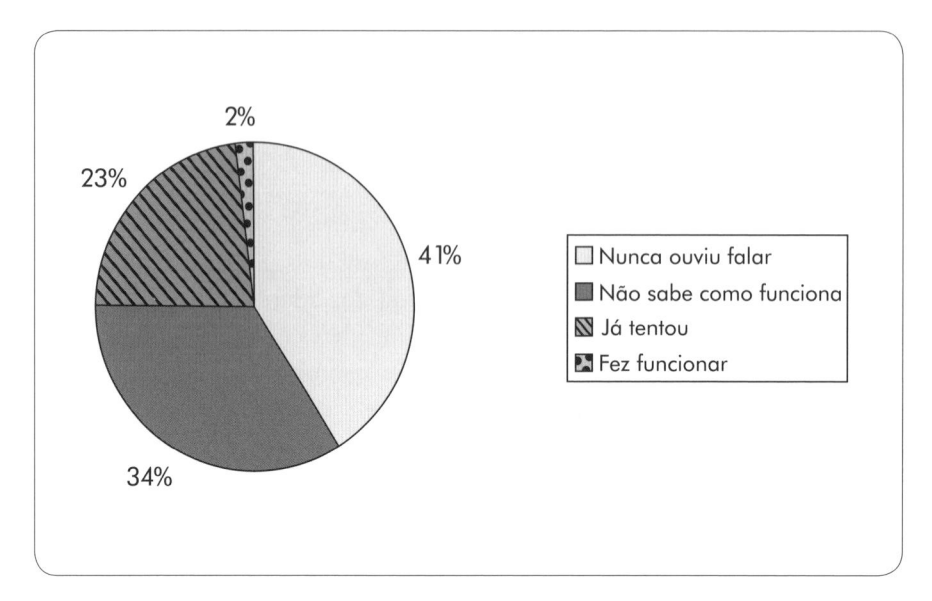

Figura 6.3 Fonte: Association for Manufacturing Excellence (AME).

res de empresas quanto à utilização, sucesso e sustentabilidade dos princípios *lean*. Dos pesquisados, 41% responderam algo como: "o que é mesmo *lean*? Algum tipo de programa para dieta?". O pesquisador da AME, é evidente, a essa altura agradeceu pela atenção e deu a entrevista por encerrada. Outros 34% dos entrevistados (por telefone) responderam já ter ouvido falar sobre melhorias do tipo *lean*, mas não souberam especificar tais melhorias; 23% dos consultados haviam tentado implementar os princípios e apenas 2% deles obtiveram sucesso nessa implementação. Menos de 10% dos que conheciam e experimentaram esses princípios informaram terem sido bem-sucedidos em alcançar as metas pretendidas.

O sucesso constitui-se de resultados sustentados mensuráveis depois de um ano, e por isso é algo realmente difícil de ser atingido. Meus sócios e eu tínhamos certeza de que nossos "escores de campo" eram melhores. Tínhamos realizado o VSM liderando a mudança. Ensinamos a todos um bom planejamento, mudança de gestão e monitoramento. Não poderíamos, de maneira alguma, estar assim tão mal em uma estatística semelhante!

Liguei para alguns dos líderes que haviam participado dos cursos que apliquei. A verdade: apenas uns poucos por cento mais que a margem nacional tiveram sucesso. Besteira! Fiz algumas perguntas mais aprofundadas. Como o Mapeamento do Fluxo de Valor (VSM) era a ferramenta-chave que utilizávamos, perguntei se eles a empregavam nas equipes lideradas. Apenas cerca de *metade* deles havia feito VSM em equipes! A resposta mais comum dos outros era: "Tentei fazer VSM em equipes – mas nossos líderes não me permitiram! Eles pensaram que, pagando para que fosse ao treinamento, eu de alguma forma voltaria para transformar a empresa sem a participação de qualquer outra pessoa na equipe de estudos". Besteira em dobro!

Parece também que o limite do tempo para o VSM é de três ou quatro meses. Se você não usar a ferramenta VSM até três ou quatro meses depois de estudá-la, você JAMAIS irá usá-la. É mais ou menos como aprender a pilotar um avião em um manual. A certa altura, você precisará entrar em um avião e colocar o conhecimento em prática.

Aprofundei minha pesquisa telefônica solitária. Apenas cerca de metade daqueles que faziam um Mapa do Estado Atual (cerca de 25% do grupo total) havia feito um Mapa do Estado Futuro. Incrível. A conclusão de um mapa do estado atual é "estamos muito mal!". Por que alguém iria parar por aí? Alguns deles disseram ter escolhido alguns problemas especiais de seu estado atual e começado a implementar as soluções. Claro que isso não funcionou! Isso seria a mesma coisa que se preocupar com arrumar as poltronas no saguão do Titanic! O navio está afundando. Melhor aprender logo a nadar (dar fluxo ao processo).

Fato ainda mais incrível, apenas metade daqueles que faziam um Mapa do Estado Futuro (cerca de 12,5% do grupo total pesquisado) se mantiveram no rumo para fazer dele um plano detalhado de ação E providenciaram os *recursos* para tal. Ao falar de recursos, entendo que a gerência tome todas as providências para que esses itens fundamentais sejam mantidos no topo das prioridades de seus subordinados. No caso, eles deram novas prioridades aos comandados, mas não lhes proporcionaram recursos adicionais.

Conclusão: dos 12,5% do grupo que completaram um plano detalhado de ação e providenciaram os recursos necessários, 80% a 90% tiveram sucesso! Nós sabíamos! Não era absolutamente 90% de fracasso! Era 90% de sucessos! É preciso manter o processo. Faça o VSM liderando a mudança com um grande planejamento, mudança de gestão e monitoramento. E acompanhe o processo.

- De todos os projetos de melhoria iniciados na última década, qual foi a sua percentagem de sucessos?
- Por que a probabilidade de sucesso aumenta tanto quando o plano de ação é aprofundado e ganha recursos?
- Por que a solução de pequenos problemas no seu estado atual é como se preocupar com arrumar as cadeiras no saguão do Titanic?
- Você alguma vez liderou e concluiu um projeto VSM? Você providenciou *recursos* para o principal resultado – o plano de ação?

❖ Notas

1. Womack, James, Arthur Byrne, Orest J. Fiume, Gary S. Kaplan, and John Toussaint, Going Lean in Health Care, Institute for Healthcare Improvement White Paper, 2005.
2. Presidente da Jake Brake, então CEO da HON Industries, atual presidente da Lean Investments, LLC, George relata suas experiências em Koenigsaecker, George, *Leading the Lean Enterprise Transformation*, New York; Productivity Press, 2009. (Edição brasileira: *Liderando a Transformação Lean nas Empresas*, Bookman, 2011.)

Capítulo 7

Palavras finais

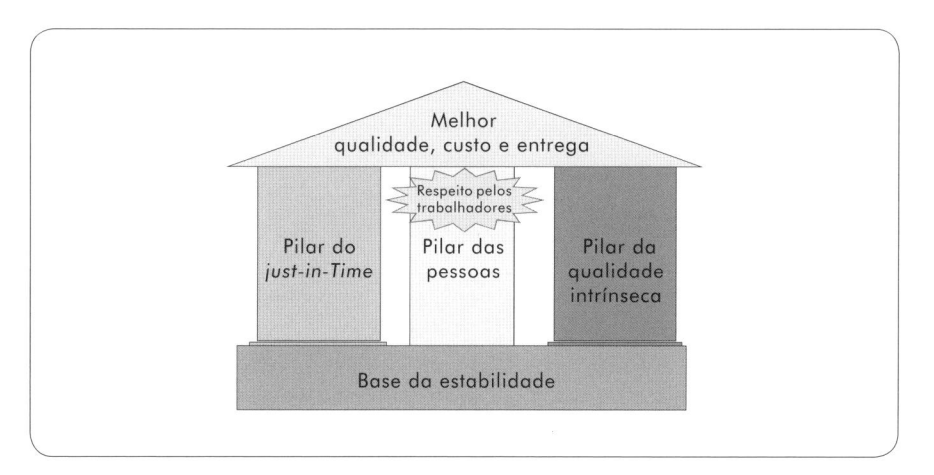

Posicionar os princípios do Sistema Toyota de Produção (STP) é muito parecido com fazer dieta. (Talvez seja este o motivo que levou a expressão "produção *lean*" – ou enxuta – a dominar as duas últimas décadas.) Na dieta, os conceitos básicos são muito simples: comer menos, alimentar-se com produtos saudáveis, não se alimentar muito tarde, e assim por diante. Mas, sem dúvida, é algo difícil de fazer dia a dia! Todo mundo prefere a mudança única do tipo cirurgia de estômago. Não é assim, porém, que os princípios são implementados.

Alguém descreveu o STP como mil pequenas coisas feitas de maneira certa todos os dias. Esse pensamento a princípio me assustou, pois eu não acreditava que muitas organizações tivessem a coragem ou a força de permanência necessária para realizar mil coisas, quaisquer que fossem. São muitas as empresas que só se contentam com a solução de um único tiro, certeiro. Acontece que isto não existe.

Uma analogia com o beisebol é boa para explicar como o STP deve ser implementado. Se você é o líder de sua organização, treine e então aprenda a confiar em sua equipe para fazer a cada dia várias chegadas nas bases. Não admita desvios. A equipe que conseguir mil chegadas nas bases será sempre a ganhadora.

Usando uma analogia com as corridas, a melhoria contínua é uma maratona, não uma corrida de tiro curto. A melhoria contínua é simplesmente isso – ela é contínua. Ensine seus funcionários a identificar e a reduzir o desperdício. Então permita que eles façam isso todos os dias.

Quais das histórias que contamos neste livro mais o impressionaram? É provável que as partes da Casa Toyota representadas por esta história precisem ser um pouco adaptadas em sua fábrica. Você seria capaz de evitar todas as tolices que eu cometi ao longo dessas histórias? Como você poderia evitar que elas se repetissem na sua empresa?

Chegamos também a um momento precioso para reler algumas das perguntas ao final de cada história. Se você for um pouco parecido comigo, entenderá que serão necessárias muitas perguntas como estas para convencer qualquer pessoa de que a mudança constitui uma necessidade urgente. Você não está sozinho se estiver lutando para realizar mudanças e para consolidá-las.

A seguir, alguns dos conselhos presentes nas páginas deste livro que você pode levar em consideração:

- Continue no círculo.
- Encontre e utilize um *sensei* treinado na Toyota cuja curva de aprendizado você possa aproveitar para superar as armadilhas da implementação.
- Treine seus líderes e gerentes médios para que tenham uma linguagem comum para o STP e as mudanças que serão implementadas.
- Aprenda fazendo – organize e aplique imediatamente projetos de aprendizado.
- Realize – comece sua jornada – não espere.

Alguns termos e siglas

As siglas apresentadas aqui derivam de uma coletânea de publicações sobre melhoria contínua e de documentos públicos.

12-Gun	Uma ferramenta pesada, controlada pelo homem, que fixa até 12 parafusos ao mesmo tempo.
5S	Ferramenta tradicional do Sistema Toyota de Produção para limpar, organizar e padronizar um local de trabalho. Originalmente, são cinco palavras japonesas começando com a letra S traduzidas para várias combinações de palavras. A seguinte é uma das interpretações: • Organizar & Eliminar (descartar itens raramente utilizados). • Arrumar (organizar e localizar; lugar certo para tudo). • Limpar (manter o ambiente limpo e organizado para o dia seguinte). • Padronizar (os processos de trabalho). • Manutenção (fiscalizar e recompensar os itens anteriores).
80/20	A regra dos 80/20; a regra de Pareto (por exemplo, 80% dos problemas surgem de apenas 20% de causas possíveis).
8D	*Oito Disciplinas*, ou etapas, de solução de problemas na causa raiz; usadas pelos Três Grandes da indústria automobilística.
A3	Um formato de solução de problemas, ferramenta de processos e de desenvolvimento.
AE	Admiral Engines (nome de montadora de automóveis fictícia).
A/P	Contas a Pagar.
Andon	Nome japonês de sinal luminoso, como em um painel *andon*.
Big Three **(Três Grandes)**	As três maiores montadoras de automóveis nos Estados Unidos (GM, Ford e Chrysler).
Casa Modelo	A casa modelo para implementação do método Toyota, feita de uma base ou fundação, pilares e teto e contendo os princípios do STP.

CEO	Diretor Presidente (ou *Chief Executive Officer*); o executivo de maior hierarquia em uma organização, fora do Conselho de Administração.
CEP	Controle de Processos Estatísticos.
CIM	Fabricação integrada de computadores.
Cinco Porquês	Um método de análise de solução de problemas para chegar à causa-raiz fundamental.
DM	Minutos decimais (determinados cronômetros usam esta escala de 1/10 minuto).
Downtime	Tempo ocioso em virtude de problemas com as máquinas; pode ser também uma sigla resumindo as oito categorias de desperdício.
EI	Engenharia Industrial (*Industrial Engineering*, IE, em inglês).
E-stop	Um botão ou instrumento de controle que permite ao trabalhador desligar com segurança uma máquina, correia transportadora ou outro dispositivo automatizado.
FF	Equipe da Fábrica do Futuro.
FMEA	Análise de Modo e Efeito de Falha (chão de fábrica) (*Failure Modes and Effects Analysis*).
Gemba	(japonês) O lugar onde o trabalho é realizado.
GUMBI	Great United Motor Builders, Inc. (montadora automobilística fictícia de Demot, CA, também um lugar fictício).
Hansei	(japonês) Reflexão que tem por meta a implementação de melhorias.
JCI	Johnson Controls, Inc. (especificamente a divisão automotiva).
Jidoka	Dotar a máquina de dispositivos automáticos de controle para interromper o processo sempre que ocorrer algum defeito, de forma que o trabalhador possa se liberar da necessidade de ficar controlando uma máquina que funciona automaticamente – separação pessoa-máquina.
JIT	*Just-in-Time*, ou justo à tempo (normalmente correspondendo à produção).
Jonah	Um especialista em Teoria das Restrições.
Kanban	(japonês) Cartão de sinalização; usado para puxar materiais para um processo somente quando necessários, nunca antes.
Keiretsu	(japonês) Uma família de clientes com fornecedores fidelizados.
Lei de Murphy	Uma expectativa pessimista segundo a qual tudo aquilo que pode dar errado normalmente dá errado.

LME	Lei do Menor Esforço (ou LOLE, do inglês *Law of Least Effort*) – os trabalhadores buscarão uma maneira de realizar suas tarefas com o menor esforço possível.
MIT	Massachusetts Institute of Technology (Instituto Tecnológico de Massachusetts).
MRP	Planejamento da Necessidades de Materiais.
OEE	Índice de Eficiência Global dos Equipamentos.
OEM	Fabricantes de Equipamentos Originais (montadores de automóveis).
OPT	Tecnologia da produção otimizada (*Optmized Production Technology*) – *software* de programação da produção.
OR	*Operations Research* (ou Pesquisa Operacional).
PDCA	Planejar, Fazer, Verificar e Agir (*Plan, Do, Check and Act*) – um método de solução sistemática de problemas e ciclo de melhorias com quatro etapas.
PM	*Plant Manager* (Gerente de Fábrica) neste livro; utilizado também uma vez como *Preventive Maintenance* (Manutenção Preventiva).
Poka-yoke	(japonês) Dispositivos ou melhorias usados para deixar um processo à prova de erros.
QI	Qualidade Intrínseca.
RH	(departamento de) Recursos Humanos.
SMED	*Single Minute Exchange of Dies* (Troca Rápida de Ferramentas – TRF).
STP	Sistema Toyota de Produção, ou *Toyota Production System*, TPS.
TPM	*Total Productive Maintenance* (Manutenção Produtiva Total).
TQM	Gestão de Qualidade Total (*Total Quality Management*).
Takasui	(fictícia) Empresa de consultoria.
UM	University of Michigan.
VP	Vice-presidente.
VSM	Mapeamento do Fluxo de Valor (*Value Stream Mapping*).
WIP	*Work on process*, ou Trabalho em Andamento (inventário, estoque).
WRI	*Working Relations Index*, ou Índice de Relação de Trabalho (índice de relação dos fornecedores com suas OEMs, pesquisado pelo Dr. John Henke).

❖ Leituras recomendadas

Imai, Masaki. *Gemba Kaizen: A Commonsense, Low-Cost Approach to Management.* New York: McGraw-Hill, 1997.

Liker, Jeffrey. (Ed.). *Becoming Lean: Inside Stories of U.S. Manufacturers.* Portland, OR: Productivity Press, 1997.

Liker, Jeffrey. *The Toyota Way: 14 Management Principles from the World's Greatest Manufacturer.* New York: McGraw-Hill, 2004.

Monden, Yasuhiro. *Toyota Production System: An Integrated Approach to Just-in-Time*, Third Edition. Norcross, GA: Engineering Management Press, 1998.

Ohno, Taiichi. *The Toyota Production System: Beyond Large-Scale Production.* New York: Productivity Press, 1988.

Rother, Michael and Rick Harris. *Creating Continuous Flow: An Action Guide for Managers, Engineers and Production Associates.* Brookline, MA: Lean Enterprise Institute, 2001.

Rother, Michael and John Shook. *Learning to See: Value-Stream Mapping to Add Value and Eliminate Muda.* Brookline, MA: Lean Enterprise Institute, 1999.

Shingo, Shigeo. *A Study of the Toyota Production System from an Industrial Engineering Viewpoint*, tradução para o inglês (Andrew Dillon), Portland, OR: Productivity Press, 1989.

Spear, Steven and H. Kent Bowen. "Decoding the DNA of the Toyota Production System," *Harvard Business Review*, Sept.-Oct. 1999.

Suzaki, Kiyoshi. *The New Manufacturing Challenge: Techniques for Continuous Improvement.* New York: The Free Press, 1987.

Womack, James P. and Daniel T. Jones. *Lean Thinking: Banish Waste and Create Wealth in Your Corporation*, Second Edition. New York: Simon & Schuster, 2003.

Womack, James P., Daniel T. Jones, and Daniel Roos. *The Machine That Changed The World: The Story of Lean Production.* New York: HarperPerennial, 1991.

Índice

5S, 8-11, 54-5, 62-3

A

A Mentira, 35-42
À prova de erros, 4, 104-5, 114-9
Aceitação por meio do envolvimento, 91-3, 126-8
Admiral Engines (AE), 28-42, 93-5
Amarelar (teste dos olhos semicerrados), 74-6
AME. *Ver* Association for Manufacturing Excellence
Analogia do acompanhamento, 147-8
Analogia do beisebol, 45-6
André, o Gigante, 33-6
Aposentadoria, 96
Aposta, 23-4
Aprendizado, 98-101
Association for Manufacturing Excellence (AME), 143-5
"Avisos Fúnebres", 137-9
Auditorias, 140-3
Auditorias estratificadas, 142-3
Automação, 113-5
Autonomação, 113-4. *Ver também Jidoka*
Autonomia dos funcionários, 91-3
Autoridade para interromper a linha, 116-7, 127-130

B

Beckwith, Phil, 13, 55-7, 120-5, 128-9
Brainstorming, 101-2

C

Caminhos do desperdício, 11-2, 25-6
Cartões *kanban*, 11-2, 61-2, 68-9, 82-5
Celebrações, 126-8
Células, 70-1
Cenouras *versus* "puxões de orelhas", 108-10
CEP. *Ver* Controle Estatístico de Processo

Certificação, 123-140
Chevrolet, 4-5
Cho, Fujio, 2-3, 7-8
Cidade Toyota, 4-5
CIM. *Ver Computer Integrated Manufacturing*
Cinco Porquês, 42-5, 101-2, 117-8, 123-5
Círculo, parado no, 45-50, 148
Círculos de Qualidade, líderes, 38-40
Comissões, 96
Comparação com almoxarifado, 74-5
Computer Integrated Manufacturing (CIM), 36-7
Comunicação, 86-7, 97-8
Conformidade, 6-7
Consultores, 62-3, 137-8
Conteúdo técnico, 23-4
Contradições, 85-7
Contramedidas, 123-6
Contramedidas temporárias, 123-6
Contratantes, 110-1
Controle Estatístico de Processo (CEP), 117-8
Cordão de *andon*, 47-50, 114-5, 117-8, 128-32
Cultura, 91

D

Defeitos. *Ver* Jamais repassar defeitos
Delegação de autoridade e reuniões entre turnos, 127-8
Deming, W. Edwards, 12-4, 85-6
Demissões, 4-6, 137-8
Demot, fábrica (Admiral Engines), 93-95
Desperdício
    Admiral Engines e, 30-2
    automação e, 114-5
    destacando, 7-11
    etiquetagem de, 54-5
    fundação e, 20-1, 24-7
    Just-in-Time e, 66-7
    Ohno e, 5-6, 24-7
Diagrama de Balanceamento de Linha, 105-7

Diagramas Espinha de Peixe, 101-2, 120-5
Diagramas de Trabalho Padrão, 105-6
Diagramas Espaguete, 8-11, 79-80
Diagramas Ishikawa. *Ver* Diagramas Espinha de Peixe
Dingdong (Dr.), 95-6
Disciplina, 57-8
Documentação, 6-8, 120-2
DOWNTIME, sigla, 24-5
Duração de reuniões, 126-8

E

Eficiência, estudos de tempo e, 52-4
Elevação dos sinais de *andon*, 132
Eliminação do desperdício, 23-5
Enfermeiras, 26-9
Engenharia Industrial, 31-6
Engenharia reversa, 52-3, 103-6
Entradas de ar, 43-4
Envolvimento prévio do fornecedor, 22-4, 69-70
Equações, 85
Equipes de Envolvimento dos Funcionários, 91-3
Equipes de *kaizen*. *Ver* Equipes de Envolvimento dos Funcionários
Ergonomia, 53-4
Esforço de *setup*, 137
Espaço interno, 75-6
Esperando, 25-6
Espinha de peixe reverso, 125-6
Esquilo, 50-4
Estereótipos, 94-5
Estilos de gestão, 94-5
Estoque, 7-8, 25-6, 66-8, 82-4, 138-9
Ver também Just-in-Time
Estratégia do menor lance, 23-4
Estudos de tempo, 26-9, 31-6, 52-5
Etapas de deslocamento. *Ver* Diagramas Espaguete
Experiência, 140-1
Experiência GUMBI, 37-8, 94-5

F

Fábrica do Futuro (FF), equipe da, 36-7
Fabricantes de equipamentos originais (OEMs), 23-4, 136

Family Circus, tirinha, 79-80
Fatores de segurança, 83-6
Férias, 100-1
Ferramentas, 3-4, 8-15
Financiamento, 145-6
Fluxo contínuo (fluxo unitário de peças), 66-70, 84
Ford Motor Company, 4-6
Ford, Henry, 4-5
Funcionários. *Ver* Pilar das Pessoas
Fundação
  analogia da Casa Toyota e, 2-4
  André, o Gigante, e, 30-2
  Cinco Porquês e, 41-5
  consultores e, 62-3
  desperdício e, 24-7
  eficiência e, 52-5
  etiquetagem do desperdício e, 54-5
  estudos de tempo, enfermeiras e, 2-4
  importância de, 55-61
  Lei de Murphy (Admiral Engines) e, 28-31
  melhoria da documentação e, 31-6
  observação e, 50-2
  operação 12-Gun e, 30-6
  perspectiva e, 45-51
  princípios-chave de, 19-25
  princípios imutáveis e, 60-2
  programação, sinais de produção puxada e, 35-42

G

Gargalos, 67-9, 140-1
Gastos, 95-7
Gemba, 118-9
Gembutsu, 118-9
General Motors (GM), 4-5
Genjitsu, 118-9
Gestão visual, 7-8, 20-21, 23-4, 26-7
Gestão punitiva, 108-10
GM. *Ver* General Motors
Goal, The (Goldratt), 36-7
Goldratt, Eli 36-7
Great United Motor Builders, Inc. *Ver* Experiência GUMBI

H

Hansei, 98-100
Harley Davidson, 12-3

Hencke, John, 23-4
Hewlett Packard, 12-3
Histórias dos fornecedores de vidro, 41-5, 43-5, 93-7
Homem dos cálculos, 83-6
Honda, 22-4
Horas extras, 127-8
Hyundai Motor America, 12-3

I

Ideias, o poder das, 90-3
Implementação, 90
Índice de Relações com Fornecedores, 136
Inovação, 104-5
Inteligência, *jidoka* e, 114-5
Intertreinamento, 8-11, 100

J

Jamais repassar defeitos, 115-7
JCI. *Ver* Johnson Controls
Jeffy Walk, 79-80. *Ver também* Diagramas Espaguete
Jidoka, 3-4, 11-12, 113-6. *Ver também* Qualidade Intrínseca (QI)
JIT. *Ver Just-in-Time*
Johnson Controls (JCI), 13-4, 16-7, 53-61, 119-130, 136
Jonah, 36-7
Jones, Daniel, 12-3
Just-in-Time (JIT)
 almoxarifado *versus* fábrica e, 72-6
 cartões *kanban* e, 82-4
 contradições da redução do estoque e, 85-7
 Kiichiro Toyoda e, 4-5
 mudanças de leiaute e, 87-8
 Predisposição para a ação e, 78-81
 princípios-chave de, 11-2
 reduzindo estoque à metade e, 76-9
 variação e, 85-6
 visão geral de, 3-4, 65-73

K

Kaizen, 5-6, 22-3
Kanban, 4-6, 11-2, 61-2, 68-9, 82-5
Keiretsu, 134-6
Koenigsaecker, George, 140

Koji, 73-9
Krafcik, John, 12-3

L

Lealdade, 136
Learning to See (Rother e Shook), 137
Lei de Murphy, 28-31
Lei do menor esforço (LME, ou LOLE, em inglês), 53-4, 141-2
Liker, Jeffrey, 137-8
Linhas de montagem, 28-31

M

MAN. *Ver* Material na Medida das Necessidades
Manuseio de materiais, 86-7
Manutenção preventiva, 7-8, 19-2, 59-60
Manutenção Produtiva Total (TPM), 21-2
Mapas de balanceamento das linhas, 105-7
Mapas de deslocamento de operadores. *Ver* Diagramas Espaguete
Mapa do Estado Atual, 143-6
Mapa do Estado Futuro, 143-5
Mapeamento do Fluxo de Valor (*Value Stream Mapping* – VSM), 80, 137, 143-6
Máquinas, *jidoka* e as, 114-5
Mar de Estoques, 122-3
Marshall, Edward, 111
Massachusetts Institute of Technology (MIT), 12-3
Material na Medida das Necessidades (MAN), 12-3
Mazda, 45-6, 105-7, 134-6
Melhoria contínua, 16-7, 60-1, 91, 147-8. *Ver também Kaizen*
Mentiras, 50-2
Mesas, 50-2
Mestre *sensei*, 13-4
Meta, 133-4
Metas do Sistema Toyota de Produção, 16-7
Método científico, 24-5
Minutos decimais, 52-3
MIT. *Ver* Massachusetts Institute of Technology
Modelo da Casa Toyota, 1-4, 7-8, 13-6. *Ver também Pilares específicos*
Módulos, 104-5
Moral, mudanças e, 81

Moscas mortas, 54-7
Movimento, 26-7, 87-8
MRP. *Ver* Planejamento das Necessidades de Materiais
Mudança de cultura, 17-8
Mudanças de *layout*, 87-8
Multifuncionalidade, 98-100, 105-9

N

Nelson, David, 22-3
New Manufacturing Challenge, The (Suzaki), 41-2, 46-7
Nohba, Hiroyuki, 13-4, 55-72, 60-2, 120-5, 128-9

O

Observação, importância da, 50-2
OEMs. *Ver* Fabricantes de Equipamentos Originais
Ohno, Taiichi, 3-8, 24-7, 67-8
Olhos para o desperdício, 24-6
Olhos *versus* ouvidos, 50-2
Operação da 12-Gun, 30-2
Operações programadas, 35-42, 69-70
Optiprise, 137
Organização. *Ver* 5S
Organização do local de trabalho. *Ver* 5S
Ortografia de Toyota, 4-5
Ouvidos *versus* olhos, 50-2

P

Pagamento por sugestões, 90
Painéis de *andon*, 129-32
Paradas, 137-9
PDCA – Método Científico, 23-5
PDCA. *Ver Plan-Do-Check-Act*
Pedras rolantes, limo e, 87-8
Perspectiva, 45-50
Planning Perspectives, 23-4
Pilar das Pessoas
  aprendizado e, 98-101
  engenharia reversa e, 102-6
  estilo de gestão e, 108-10
  experiência GUMBI e, 93-5
  gastos e, 95-7
  multifuncionalidade e, 105-9
  reengenharia e, 110-1

sistema JIT e, 67-8
solução de problema e, 100-2, 109-11
treinamento e, 97-9
valor não utilizado dos funcionários e, 111-2
visão geral de, 3-6, 89-94
Pingue-pongue, 101-2
Plan-Do-Check-Act (PDCA), 11-4, 20-1
Planejamento de Necessidades Materiais (PNM), 40-1
Planos de ação, 123-5
Plataformas em chamas, 137-8
Poka, definindo, 118-9
Poka-yoke, 118. *Ver também* À prova de erros
Pontos críticos, 119-21
Portas, 79-81
Prateleiras, 85-6
Predisposição para a ação, 77-8, 80-1
Prevenção de erros. *Ver* À prova de erros
Princípio da produção puxada, 11-2, 66-7, 69-71. *Ver também* Kanban
Princípios, definindo, 3-4
Princípios da base, *Ver* Fundação
Problemas, visibilidade de, 115-7
Processamento extra, 25-6
Produção de livro, 110-1
Produção em pequenos lotes, 69-70
Produção *lean*, 12-4, 142-6
Produção sem estoques, 12-3
Produtividade, 105-7, 119-20
Produtor de amortecedores, 136-7
Produtos defeituosos, 24-5
Produtos e processos sólidos, 22-3
Projetistas, 8-11
Protótipo A1, 4-5
Puxão de orelha *versus* cenouras, 108-10

Q

QI. *Ver* Qualidade Intrínseca
Quadrados de *kanban*, 69, 140-1
Qualidade Intrínseca (QI)
  autoridade para interromper a linha, 116-7, 127-30
  membros da equipe, solução de problemas e, 126-28
  princípios básicos da, 11-2
  reação do supervisor e, 129-32

sinais de alerta e, 131-32
solução de problemas, contramedidas e, 120-7
trabalho padrão e, 119-22
visão geral da, 3-4, 113-9
Qualidade no posto de trabalho, 115-6
Qualificação, 140-1
Quebras, 99-100

R

Reengenharia, 110-1
Reflexões, 98-100
Respeito pelos Trabalhadores. *Ver* Pilar das Pessoas
Resultados. *Ver* Teto
Revestimento de lentes, 140-3
Ritual do "homem mau", 102-6
Robôs, 95-6
Roos, Daniel, 12-3
Rotações, 99-100
Rother, Mike, 137
Rumores, 134-6

S

Segunda Guerra Mundial, 4-6
Seiri, 54-5
Seiton, 54-5
Sensei, 13-7, 136
Sensei lean, 15-6
Separação, 114-5
Separação pessoa-máquina. *Ver Jidoka*
Sequência, importância da, 14-6
Setup. *Ver Single Minute Exchange of Dies*
Setup rápido. *Ver Single Minute Exchange of Dies*
Setups externos, 72-3
Setups internos, 72-3
Shewhart, Walter, 12-4
Shimono, Bo, 21-2, 35-6, 45-55, 77-8, 82-8, 97-111, 119-22, 134-6
Shingo, Shigeo, 8-11, 71-2
Shook, John, 137
Simulações, 41-2
Simulações de eventos descontínuos, 41-2
Sinais de produção puxada, 38-41
Sindicatos, 31-2, 52-4, 105-6

Single Minute Exchange of Dies (SMED), 8-11, 65-6, 71-3, 128-9
Sintomas, 101-2
Sistema de produção com estoque mínimo (MIPS), 12-3
Sistemas de estoque zero, 67-8
Sistemas de resposta do supervisor, 129-32
Sistemas operacionais, perspectiva e, 45-50
SMED. *Ver Single Minute Exchange of Dies*
Smith, Robert, 104-5
Solução de problemas, 24-5, 100-3, 109-11, 117-29
Solução de problemas A3, 91-3
Solução prática de problemas, 126-8
Sucesso, definindo o, 134
Sucesso, índices de, 142-6
Sumô, 77-8
Supermercados, 5-7, 48-9
Superprodução, 24-6, 67-9
Suzuki, Kiyoshi, 41-2, 46-7

T

Takasui, 72-9
Talento, utilização do, 25-6
Tapetes enrugados, 109-11
Teares têxteis, 4
Tecelagem, teares, 4, 114-5
Tempo produtivo, 59-60
Tempo *takt*, 70-1, 105-7
Teste dos olhos semicerrados, 74-6
Teto
 auditorias e, 140-3
 avisos fúnebres e, 137-9
 certificação e, 140-1
 consultoria e, 137-8
 crenças, 134-6
 índices de sucesso e, 142-6
 visão geral de, 2-3, 16-7, 133-6
The Machine That Changed the World: The Story of Lean Production (Womack et al), 12-3
Toyoda, Eiji, 4-8
Toyoda, Kiichiro, 4-6, 66-8
Toyoda, Sakichi, 4-5, 11-115
Toyoda Automatic Loom Works, 4-6
TPM. *Ver* Manutenção Produtiva Total
Trabalho duro, 134-6
Trabalho em andamento (WIP), 61-2, 69-70, 137-9

Trabalho padrão, 119-23
Trabalho padronizado, 7-8, 19-22
Transigir, 35-6, 60-2
Transporte, desperdício e, 25-6
Treinamento, 97-9
Três Gs, 118-9
Triangle Kogyo, 21-2, 45-55, 97-9, 119-22, 134-6

U
Utilização do talento do funcionário, 25-6

V
Variação, 85-6
VSM. *Ver* Mapeamento do Fluxo de Valor

W
Westinghouse, 12-3
Whack-a-mole, 62-3
Womack, James, 12-3

Y
Yokeru, definição, 118-9

Z
Zíperes, 125-6